公路工程造价标准化管理丛书

广东省公路工程造价标准化管理指南

第一册 管理要求

广东省交通运输厅 组织编写

人民交通出版社股份有限公司

北 京

内 容 提 要

本指南对广东省公路建设项目造价标准化的组织管理、程序管理、质量管理、信用管理、档案管理、信息化建设和数据管理等内容作出了明确要求，规范了造价文件的编制依据、原则、要求、组成，统一了公路建设项目从投资估算到竣工决算的各类造价文件基本样式，明确了公路项目在建设各阶段的造价工作内容和管控重点。本指南是公路建设项目全过程标准化造价管理的集成性成果，为实现公路建设项目全过程造价规范化、数字化提供技术和管理基础。

本书是第一册，包含总则、术语、基本规定、造价文件体系、造价项目组成、项目建议书及可行性研究阶段造价管理、设计阶段造价管理、招投标阶段造价管理、施工阶段造价管理、竣（交）工阶段造价管理、附录 A 全过程造价文件报送及采集要求、附录 B 广东省公路工程全过程造价管理标准费用项目表、附录 C 广东省公路工程造价管理相关文件和标准发布情况表。

本指南是广东省公路工程建设造价管理、设计计价、咨询审价、施工算价的工作指南，供广东省交通运输行业主管部门、公路项目参建单位和参建人员使用，也可供公路建设从业者以及其他行业的造价人员参考。

图书在版编目(CIP)数据

广东省公路工程造价标准化管理指南. 第一册, 管理要求 / 广东省交通运输厅组织编写. — 北京：人民交通出版社股份有限公司, 2023.1
ISBN 978-7-114-18335-5

Ⅰ.①广… Ⅱ.①广… Ⅲ.①道路工程—造价管理—标准化管理—广东—指南 Ⅳ.①U415.13-65

中国版本图书馆 CIP 数据核字(2022)第 211846 号

Guangdong Sheng Gonglu Gongcheng Zaojia Biaozhunhua Guanli Zhinan
Di-yi Ce　Guanli Yaoqiu

书　　名：	广东省公路工程造价标准化管理指南　第一册　管理要求
著 作 者：	广东省交通运输厅
责任编辑：	韩亚楠
责任校对：	赵媛媛　魏佳宁
责任印制：	张　凯
出版发行：	人民交通出版社股份有限公司
地　　址：	(100011) 北京市朝阳区安定门外外馆斜街 3 号
网　　址：	http://www.ccpcl.com.cn
销售电话：	(010) 59757973
总 经 销：	人民交通出版社股份有限公司发行部
经　　销：	各地新华书店
印　　刷：	北京市密东印刷有限公司
开　　本：	889×1194　1/16
印　　张：	10.5
字　　数：	222 千
版　　次：	2023 年 1 月　第 1 版
印　　次：	2023 年 1 月　第 1 次印刷
书　　号：	ISBN 978-7-114-18335-5
定　　价：	65.00 元

(有印刷、装订质量问题的图书，由本公司负责调换)

《广东省公路工程造价标准化管理指南》编审委员会

主编单位：广东省交通运输工程造价事务中心

参编单位：众为工程咨询有限公司

　　　　　　珠海纵横创新软件有限公司

主　　审：黄成造

审查人员：张钱松　王　璜　管　培　汪　洁

　　　　　　蔚三艳　江　超　骆健庭　张　栋

　　　　　　张学龙　阙云龙　冯维健　陈潮锐

　　　　　　赖兆平　郑　双　陈琦辉

主　　编：王燕平

副 主 编：张　帆　易万中

参编人员：郭卫民　肖梅峰　郑宇春　黄燕琴

　　　　　　吴　攸　石　陶　樊宏亮　曾星梅

　　　　　　陈成保　罗小兰　罗　燕　冯思远

　　　　　　姚　毅　杨　媛　谭玉堂　刘　飞

PREFACE 前 言

《交通强国建设纲要》明确提出，交通建设要坚持新发展理念，坚持推动高质量发展，坚持以供给侧结构性改革为主线，坚持以人民为中心的发展思想，推动交通发展由追求速度规模向更加注重质量效益转变。广东省作为交通强国建设试点省，在推进交通基础设施高质量发展、智慧交通建设等方面提出了更高的目标要求。为全面推进现代工程管理，推动公路建设项目全过程造价管理系统化、规范化、数字化，提升交通行业公路建设项目造价管理水平，进一步健全公路现代化管理体系，在广东省高速公路建设项目全面推行工程造价标准化管理多年经验成果的基础上，广东省交通运输厅组织广东省交通运输工程造价事务中心等单位编制完成了《广东省公路工程造价标准化管理指南》并于2022年12月30日发布施行。

本指南系在2011年《广东省高速公路建设标准化管理指南（工程造价标准化管理）（试行）》的基础上，调研广东省公路建设项目管理现状，结合现行和正在制（修）订的有关管理文件和标准规范，全面、系统总结10多年来广东省公路建设造价标准化管理方面的实践经验，经广泛征求意见后，多次修改、完善、提炼成稿。本指南以目标和问题为导向，秉承"依法管价，科学计价，合理定价，阳光造价"的管理理念，坚持管理与技术相结合，兼顾规范性、指导性、实用性和先进性，体现可复制、可借鉴、可推广的交通建设工程造价标准化管理需求，与广东省已发布的公路项目建设管理制度和计价标准配套使用。

本指南对公路建设项目造价标准化的组织管理、程序管理、质量管理、信用管理、档案管理、信息化建设和数据管理等内容作出了明确要求，与现行公路工程有关管理文件和标准规范实现有效衔接，规范了造价文件编制依据、原则、要求、组成，统一了公路建设项目从投资估算到竣工决算的各类造价文件的基本样式，明确了公路建设项目在各阶段的造价管理工作内容和工作重点，为实现公路建设项目全过程造价文件标准化、管理规范化、数据数字化提供技术遵循，助推广东省公路建设高质量发展。

本指南分三册。第一册为管理要求，由 10 章和 3 个附录组成，包含总则、术语、基本规定、造价文件体系、造价项目组成、项目建议书及可行性研究阶段造价管理、设计阶段造价管理、招投标阶段造价管理、施工阶段造价管理、竣（交）工阶段造价管理、附录 A 全过程造价文件报送及采集要求、附录 B 广东省公路工程全过程造价管理标准费用项目表、附录 C 广东省公路工程造价管理相关文件和标准发布情况表。**第二册为前期阶段的造价标准文件**，包括投资估算文件、设计概算文件、施工图预算文件、招标工程量清单文件及招标清单预算文件。**第三册为实施阶段的造价标准文件**，包括合同工程量清单文件、计量与支付文件、变更费用文件、造价管理台账、工程结算文件、竣工决算文件、造价执行情况报告。

本指南的管理权归属广东省交通运输厅，日常解释和管理工作由广东省交通运输工程造价事务中心负责。请各有关单位注意在实践中总结经验，及时将发现的问题和修改建议反馈至广东省交通运输工程造价事务中心（地址：广东省广州市越秀区白云路 27 号广东交通大厦，邮政编码：510101），以便修订时研用。

广东省交通运输厅
2023 年 1 月

CONTENTS 目 录

1 总则 ·· 1

2 术语 ·· 3

3 基本规定 ·· 5

　3.1 一般规定 ·· 5
　3.2 组织管理 ·· 6
　3.3 程序管理 ·· 8
　3.4 质量管理 ·· 13
　3.5 信用管理 ·· 18
　3.6 档案管理 ·· 19
　3.7 信息化管理 ·· 20
　3.8 造价数据化 ·· 21

4 造价文件体系 ·· 24

　4.1 一般规定 ·· 24
　4.2 造价文件组成 ·· 24

5 造价项目组成 ·· 26

　5.1 一般规定 ·· 26
　5.2 全过程造价标准费用项目 ·· 27

6 项目建议书及可行性研究阶段造价管理 ········· 29

    6.1 一般规定 ········· 29
    6.2 投资估算 ········· 30
    6.3 造价管理重点工作 ········· 33

7 设计阶段造价管理 ········· 35

    7.1 一般规定 ········· 35
    7.2 设计概算 ········· 36
    7.3 施工图预算 ········· 40
    7.4 造价管理重点工作 ········· 44

8 招投标阶段造价管理 ········· 47

    8.1 一般规定 ········· 47
    8.2 招标文件及合同中造价管理条款 ········· 49
    8.3 招标工程量清单 ········· 50
    8.4 招标清单预算 ········· 54
    8.5 合同工程量清单 ········· 59
    8.6 造价管理重点工作 ········· 61

9 施工阶段造价管理 ········· 64

    9.1 一般规定 ········· 64
    9.2 计量与支付 ········· 65
    9.3 工程变更 ········· 66
    9.4 过程结算 ········· 74
    9.5 造价管理台账 ········· 76
    9.6 造价管理重点工作 ········· 77

10 竣（交）工阶段造价管理 ········· 80

    10.1 一般规定 ········· 80
    10.2 交工验收造价管理 ········· 81
    10.3 工程结算 ········· 81
    10.4 竣工决算 ········· 84
    10.5 造价执行情况报告 ········· 88
    10.6 造价管理重点工作 ········· 88

附录 A　全过程造价文件报送及采集要求 …………………………… 91

附录 B　广东省公路工程全过程造价管理标准费用项目表 ………… 94

附录 C　广东省公路工程造价管理相关文件和标准发布情况表 ……… 153

1 总 则

1.0.1 为全面推进现代工程管理，落实公路建设项目的全过程造价管理规范化、信息化、数字化要求，全面提升广东省公路建设项目的造价管理水平，实现依法管价、科学计价、合理定价、阳光造价，推动行业高质量发展，打造公路平安百年品质工程，制定本指南。

1.0.2 本指南根据交通运输部《公路工程造价管理暂行办法》（交通运输部令 2016 年第 67 号）、现行《公路工程建设项目造价文件管理导则》（JTG 3810），广东省交通运输厅《广东省交通运输厅关于公路工程造价管理的实施细则》（粤交〔2017〕10 号）等国家和广东省有关管理办法和造价标准编制。

1.0.3 本指南适用于广东省行政区域内新建、改（扩）建公路工程建设项目的造价标准化管理工作。

1.0.4 广东省公路建设项目应全面推行工程造价标准化管理，遵循依法合规、完整准确、科学合理、先进高效、动态管理的原则开展项目的造价标准化管理工作。建设单位承担公路建设项目工程造价控制的主体责任。

1.0.5 公路工程造价标准化管理应适应社会经济发展水平，满足行业管理及项目管理的要求，规范、科学、合理地确定建设项目各阶段造价并有效控制建设投资。

1.0.6 公路工程建设市场从业单位应配备满足管理需要的造价从业人员，从业人员应按国家有关规定获得交通运输（公路）工程造价工程师资格。从业单位应根据行业主管部门的有关要求制订相应的管理制度和办法，引导和支持本单位的专业技术人员参加造价工程师职业资格考试、注册并按规定接受继续教育。

1.0.7 开发广东省公路工程造价标准化管理的有关信息化工具时，应按有关规定和本指南要求进行测试和验证。

1.0.8 广东省公路建设项目的造价标准化管理除应符合本指南的有关规定外，尚应符合国家和广东省现行的行政法规、有关标准和规范的规定。

2 术　语

2.0.1　甲组文件

造价文件中的编制说明以及完整体现造价结果的主要性、关键性和汇总性的造价数据表格。

2.0.2　乙组文件

构成各项费用的基础数据文件和支撑数据的基础性资料，为甲组文件的辅助文件。

2.0.3　造价电子文件

电子版本的造价文件。通常包括组成造价文件的 doc、docx、wps、xls、xlsx、pdf 等格式的文档以及采用造价专用软件工具编制的数据标准文件。

2.0.4　造价数据标准文件

采用造价专用软件工具编制形成造价文件后，根据造价数据标准的数据格式规定，输出开放、可读的通用造价电子数据文件。

2.0.5　造价数据链

通过系列标准与工具，确保全过程造价数据的完整性、可溯性。在全过程造价各阶段间，主要指数据的继承、对照等关系（如各阶段费用项目节的统一）；在造价管理的某一阶段，指造价基础数据的获取、溯源等过程（如工程量的来源）。其数据载体一般为 xml 格式，数据处理工具一般为各类造价编制专用软件。

2.0.6 造价管理系统

各级交通运输主管部门实施行业造价监管使用的信息化管理系统。

2.0.7 公路工程造价文件体系

由公路工程建设全过程中分阶段编制的，可反映项目或费用组成，构建了工程数量、单价、费用之间相互关系的系列文件组成。

2.0.8 公路工程造价项目

在公路工程造价文件体系的费用项目中，按一定规则和类别划分的具有统一内容、名称、编码、计量计价单位和规则等特性，并为反映公路工程造价总体情况而规定的造价因素。

2.0.9 工程变更

合同工程实施过程中由发包人提出或批准的合同工程任何一项工作的增、减、取消，质量或其他特性的改变，施工工艺、顺序、时间的改变，设计图纸的修改，施工条件的改变等。工程变更分为设计变更和其他变更；其他变更是指除设计变更外，因合同约定发生变化等因素导致合同价格调整的变更。

2.0.10 工程变更费用

在公路工程实施过程中，由于工程设计、合同约定发生变化等因素导致增加或减少的费用。

2.0.11 加速施工费用

由于非承包人责任造成工期拖延或其他需要加快工程进度的情况，承包人应发包人的要求而采取加快工程进度措施，由此产生的应由发包人支付的费用。

2.0.12 暂停施工补偿费用

合同约定的因暂停施工导致承包人额外增加的应由发包人支付的必要费用。

2.0.13 过程结算

过程结算是指在公路建设项目实施过程中或完工后，发包人与承包人双方依据国家有关法律、法规及合同约定，对约定结算节点内已完工且质量合格的建筑安装工程、土地使用及拆迁补偿、工程建设其他费用合同的内容开展中间价款、数量或结算事项确认的活动。

3 基本规定

3.1 一般规定

3.1.1 公路建设项目的建设单位及其上级管理部门、参建单位应贯彻落实公路工程造价标准化管理的有关规定，建立造价标准化管理制度，配备满足管理需要的技术、管理力量。

3.1.2 公路工程造价标准化管理工作应包括公路工程建设项目从筹建到竣工、验收、交付使用全过程的造价管理与控制，主要包括投资估算、设计概算、施工图预算、工程量清单预算、合同价、变更费用、工程结算、竣工决算等费用的确定与控制，以及编制和动态维护造价管理台账、开展计量与支付、编制造价执行情况报告等造价管理工作。

3.1.3 开展公路建设项目造价标准化管理工作时，宜采用编制、审核两阶段方式形成造价文件。建设单位应在符合有关法律、法规和管理要求的条件下，遵循自行组织、自主决定、自愿选择的原则确定编制和审核造价文件的组织方式。如果选择第三方负责编制或审核，应符合国家、广东省有关招投标管理的规定。

3.1.4 建设单位应在设计、咨询、施工等合同中明确工程可行性研究和各项设计对应的投资估算、设计概算、施工图预算、工程结算等造价文件的编制和审核工作，明确质量责任主体和落实管理责任。

3.1.5 建设单位应采取有效措施保障编制和审核造价文件的合理工作周期，造价文件质量应符合有关管理文件和本指南的有关规定。

3.1.6 造价从业人员不得同时参与同一项目同一阶段造价文件的编制或审核，同一造价文件的"编制（审核）人"和"复核人"不得为同一人。以招标或委托方式组织编制和审核工作时，编制和审核的承接方不得为同一主体或具有母、子公司关系，且不得在受委托或招标项目中从事投标或者代理投标，也不得为受委托或招标项目的投标人提供咨询。

3.1.7 造价文件的编制人和复核人、审核人和复核人，应按照国家行业主管部门工程造价职业资格管理的有关规定执业，并对其开展的造价活动行为和成果质量负责。

3.1.8 **公路工程建设项目应分阶段开展造价标准化管理工作。造价标准化管理的阶段划分为项目建议书及可行性研究阶段、设计阶段（初步设计、施工图设计）、招投标（招标、投标、合同签订）阶段、施工阶段和竣（交）工阶段。**

3.1.9 建设单位及其上级管理部门应组织参建单位对项目采用的新技术、新工艺、新材料、新设备开展成本测算和组价分析等工作，应按时收集计量、计价依据和有关基础性资料，并按规定报送省级交通运输主管部门及其造价机构。

3.1.10 **地方交通运输主管部门和公路建设项目各参建单位应支持省级交通运输工程造价管理机构开展补充造价依据的制（修）订工作，并在具体工作中给予配合。**

3.1.11 鼓励公路建设市场从业单位依托公路建设项目开展造价管理新技术、计价新标准和智慧公路的造价研究，并将其列入科技专项研究计划中。

3.1.12 **鼓励从业单位推广造价数字化应用**。造价数字化应按照造价数据"一数一源一责"的要求，保障数据完整性、准确性和一致性；构建造价数据链的数据追溯体系，实现"数据可知、数据可管、数据可用"。

3.2 组织管理

3.2.1 省级交通运输主管部门负责全省行政区域内省管公路建设项目工程造价标准化工作的监督管理，地方交通运输主管部门负责地方管理的公路建设项目工程造价标准化工作的监督管理。各级交通运输工程造价管理机构承担监督管理的具体事务性工作。

3.2.2 省级交通运输主管部门按国家有关规定制订公路造价从业人员的资格考试、注册和继续教育的实施细则并组织实施，各级交通运输主管部门积极引导专业技术人员参加造价职业资格考试、注册和继续教育，支持公路造价从业单位和人员加入公路造价行业学会，鼓励参加公路造价学术交流活动，提升行业从业队伍职业素养和造价标准化执业能力。

3.2.3 建设项目的上级管理部门应承担项目工程造价标准化工作的管理责任。负责组织、管理、指导项目工程造价标准化工作，包括开展日常监督管理、建立造价管理制度、组织所辖公路建设项目造价人员的业务培训、开展造价标准化工作技术交底等。

3.2.4 建设单位应承担项目工程造价标准化管理的主体责任。负责项目造价标准化管理的落实和执行，建立项目造价管理制度，按规定组织造价文件编制、审核、上报、认定等工作，负责对各参建单位造价人员开展造价标准化交底培训，对参建单位的造价管理履约及信用进行评价、考核等。

3.2.5 勘察设计单位应承担工程造价标准化管理的设计配合责任。包括注重设计方案的技术经济比选，强化工程全寿命周期成本设计，科学确定设计方案，对项目建设所需的各类造价信息进行调查分析，建立造价文件编制质量内控制度，合理准确编制工程造价，做好前后阶段的造价对比分析等，并根据合同约定，按照造价标准化管理的要求和造价依据，勘察设计单位对编制的估算、概算、预算（含设计变更预算）等造价文件的质量负责。

3.2.6 施工、监理、咨询等单位应根据合同约定，按照造价标准化管理的要求和造价依据，规范开展计价计量等造价活动，建立质量内控制度，对其计价行为负责。监理单位应重点加强对工程计量与支付、工程变更、合同价款调整、工程结算等造价文件的审核。

3.2.7 从事公路工程造价活动的人员应具有相应的职业资格，按规定进行注册和接受继续教育，并及时更新专业知识，熟悉和掌握公路造价标准化管理要求，对其开展的造价活动行为和成果质量负责。

3.2.8 建设单位的上级管理单位在规划建设项目组织机构时，应明确项目投资控制或造价管理职能，建立与项目总体建设目标相适应的造价管理体系，为项目配备满足管理需要的造价人员。建设单位应在项目招标（合同）文件或管理制度中对各类参建单位造价人员的配备和更换提出明确要求，通过合同或制度的刚性约束来保障造价从业人员的数量和稳定性。

3.2.9 其他参建单位应根据参建项目的特点和合同约定，合理配备造价人员，保持造价人员的稳定性。

3.3 程序管理

3.3.1 公路建设项目的从业单位应严格履行公路项目基本建设程序，按本指南的有关规定开展公路建设项目各阶段造价文件的编制和审核工作，动态维护造价信息和数据，按规定开展质量评价工作，评价结果纳入年度公路建设市场从业单位及人员信用管理。对于省管公路建设项目，建设单位在报送造价文件审批（备案）时应同步提交对报送造价文件的质量评价和审核意见，并按要求将有关造价文件及数据同步传送至"广东省交通运输厅建设养护平台造价监管子系统"（原名为"广东省交通运输工程造价综合管理系统"，以下简称"造价管理系统"）。公路项目基本建设程序中，造价管理主要工作流程及与各办理部门有关职能的对照关系详见图3.3.1。

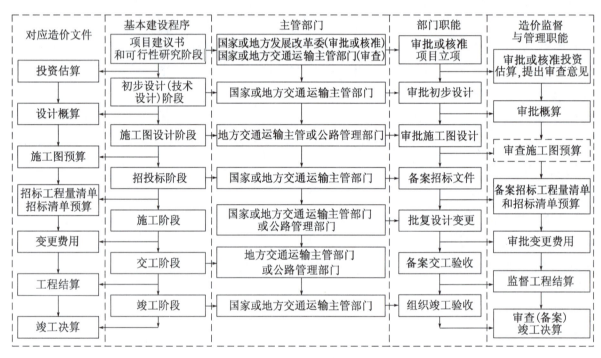

图 3.3.1　造价管理主要工作流程与各办理部门有关职能的对照关系

3.3.2 投资估算管理应按交通运输主管部门对项目立项阶段的管理规定进行。立项申请文件应按项目管理隶属关系和审批权限，报送交通运输主管部门审查；其中，普通公路执行《广东省交通运输厅关于修订政府投资普通公路和水运项目报批流程和分级审批权限的通知》（粤交规〔2018〕128号）的有关规定，国家高速公路网公路执行交通运输部的有关规定。编制投资估算应符合现行《公路工程建设项目投资估算编制办法》（JTG 3820）及广东省的补充规定、本指南的有关规定。建设单位对投资估算的管理工作主要有：

1　组织编制投资估算，对编制的投资估算文件进行审核，提出核查意见，对投资估算编制质量给予评价，与编制单位对核查意见进行充分沟通后，组织编制单位根据确定的核查意见修正投资估算。

2 在组织可行性研究报告方案评审时，同步完成对投资估算的评审。

3 报送项目建议书和可行性研究报告（含投资估算），按要求将有关文件及数据上传至造价管理系统，并组织好审查的配合工作。

3.3.3 设计概（预）算管理应按设计审批管理的相关规定执行，设计文件应按项目管理隶属关系和审批权限，报送交通运输主管部门审（查）批，其中企业投资公路项目执行《广东省交通运输厅关于调整企业投资交通建设项目设计审批方式的通知》（粤交基〔2020〕294号）的有关规定。编制设计概（预）算应符合现行《公路工程建设项目概算预算编制办法》（JTG 3830）及广东省的补充规定、本指南的有关规定。建设单位对设计概（预）算的管理工作主要有：

1 督促有关单位落实上阶段审（查）批意见，组织设计单位编制设计概（预）算文件，完成与前一阶段造价的对比和分析，合理控制建设项目造价。

2 在组织设计评审时，同步完成概（预）算评审。

3 组织落实设计评审意见和修编设计概（预）算，审核设计概（预）算修编文件，核查评审意见的执行情况，形成核查意见。

4 依据本指南表3.4.6，对概（预）算文件的编制质量提出评价意见。

5 报送设计文件［含概（预）算］，按要求将有关文件及数据上传至造价管理系统，并组织好审（查）批的配合工作。

6 概（预）算确定后，及时做好分部分项工程的造价拆分，编制造价管理台账中与本阶段有关的内容。

3.3.4 招标阶段造价管理按招标文件备案管理程序执行。招标文件应按项目管理隶属关系和审批权限报送交通运输主管部门备案，其中招标工程量清单预算报同级交通运输工程造价管理机构备案。公路工程施工、设计、监理等招标清单的管理应符合《广东省执行交通运输部公路工程标准施工招标文件范本（2009版）的补充规定》（粤交基〔2010〕355号）及修订后的相关文件的规定，招标清单预算的管理应符合《广东省公路工程施工招标清单预算管理规程》（粤交基〔2013〕899号）的规定和本指南的有关规定。建设单位在招投标阶段的造价管理工作主要有：

1 合理确定涉及造价变化的合同专用条款，合理划分招标标段，以利于建设成本经济合理作为工程组合实施的考虑要素之一。

2 组织编制招标文件（含招标工程量清单、工程计量计价规则等）、工程量清单预算，完成预算和相应批复费用的对比和分析。

3 审核有关单位编制的招标工程量清单、工程量清单预算，形成审核意见，进行与设计概算或施工图预算的对比分析，合理控制工程造价。

4 依据本指南表3.4.6，对工程量清单预算等造价文件的质量进行评价。

5 将招标工程量清单、清单预算报交通运输工程造价管理机构备案，按要求将有关文件及数据上传至造价管理系统，并组织好行业备案的配合工作。

6　核备后的招标工程量清单预算作为依据，合理确定标底或最高投标限价。

7　按规定程序完成招标后，对中标单位提交的投标工程量清单文件进行复核，为确定合同价做好准备。

8　编制造价管理台账中与本阶段有关的内容。

3.3.5　合同价的管理应按《广东省交通运输厅关于公路工程造价管理的实施细则》（粤交〔2017〕10 号）的有关规定执行。应将施工中标合同工程量清单报交通运输主管部门备案，并按规定建立合同台账，实施动态管理。建设单位对合同价的管理工作主要有：

1　建设单位应在合同签订后 2 个月内完成合同工程量清单的备案程序。其中，国家和省管重点公路工程项目的建设单位应将施工招标工程量清单及清单预算、施工中标合同工程量清单报省级交通运输主管部门备案，按要求将上述文件及数据上传至造价管理系统；其他公路工程项目的建设单位应根据管理权限按相应的交通运输主管部门的规定执行。

2　建设单位及有关参建单位应建立合同和计量与支付等台账，建立合同风险预案，加强造价风险管控，注重过程记录和收集整理基础资料，减小造价和合同管理失控的风险隐患。过程中已完成的合同工程应做到应结尽结，实施合同履约过程的造价动态管理。

3　开展合同履约能力、履约效果、过程结算等造价管理评价，及时向上级管理部门反馈合同管理中存在的问题。

4　编制造价管理台账中与本阶段有关的内容。

3.3.6　计量与支付管理应以合同约定和行业有关管理制度、标准为依据。建设单位在计量与支付阶段的造价管理工作主要有：

1　梳理主要合同中的计量与支付规则，结合本项目建设管理特点制订工程、计划、财务、征拆、材料等部门协同联动的计量与支付工作管理制度，规范计量与支付工作行为。

2　组织建设单位有关部门人员和监理、施工等参建单位人员开展宣贯和培训。宣贯和培训内容应包括计量与支付管理制度、合同文件（工程量清单计价规则）、管理工具等。

3　按合同约定开展计量与支付工作，主要包括督促承包人和监理单位按时编制、审核及上报计量与支付文件，复核监理单位报送的计量与支付文件，对重点和重要项目采用精细化的核查方式，并确保不超计量和不超支付。

4　按规定按时收集有关记录、签认、数量和费用计算等依据资料。

5　根据工程进度计划编制资金使用计划，应统筹规划和使用建设资金，优化项目资金使用效能，合理降低资金成本。

6　及时处理合同计量与支付条款在执行过程中存在的问题或纠纷，应及时向上级管理部门和交通运输主管部门反馈存在的问题及建议。

3.3.7 工程变更分为设计变更和其他变更。设计变更管理按交通运输部、广东省交通运输厅的有关规定执行。设计变更应按规定分类、分级报审报批；其中，重（较）大设计变更实行审批制，应符合《广东省交通运输厅关于加强公路工程设计变更管理工作的通知》（粤交基〔2021〕668号）的规定。设计变更文件编制应符合《广东省公路工程重（较）大设计变更文件编制指南》（粤交基〔2017〕1072号）的有关规定。其他变更管理按有关标准、管理办法的规定和公路建设项目的合同约定执行。建设单位的工程变更费用管理工作主要有：

1 梳理主要合同中的工程变更有关合同条款及上级管理部门有关文件，组织建设、设计、施工、监理等单位有关人员学习。

2 根据项目管理权限、依据交通运输主管部门和上级管理部门关于工程变更的有关规定，结合项目工程特点和管理需要、有关合同条款，制订项目的工程变更管理制度，明确工作流程、管理权限、计量计价原则等内容。

3 重（较）大设计变更分确认变更建议和审批变更两个环节，按项目属性实行分级分类上报和审批。设计变更费用管理的主要工作包括：组织论证设计变更的技术合理性和经济性，组织编制和审核设计变更预算和设计变更前后对比、分析，核查论证和审核意见的落实执行情况，依据本指南表3.4.6对设计变更造价文件的质量进行评价，设计变更文件（含造价文件）按项目管理隶属关系和审批权限上报交通运输主管部门或建设单位的上级管理部门审批（核），按要求将有关文件及数据文件上传至造价管理系统，并组织好审批（核）的配合工作。

4 一般设计变更和其他变更由建设单位或其上级管理部门负责审批。具体时限要求如下：

1）因工程量清单与招标图纸、施工图设计图纸的工程量差、错、漏引起的价格调整，应在项目开工后3个月内完成核查，6个月内完成审核确认。

2）因物价波动引起的价格调整，调整周期不宜超过1个季度，且不得小于计量周期。

3）因加速施工和暂停施工引起的价格调整应在加速施工和暂停施工事件结束后的1个月内完成费用编制，3个月内完成审核确认。

4）其他因法律变化、暂估价、计日工引起的价格调整按合同约定进行。

5 工程变更费用应按合同有关约定、经签认的实际工程量和定价原则合理确定，其中，重（较）大设计变更应符合设计变更批复要求，其结算费用应按合同约定执行，一般不可超出经批准的设计变更预算。

6 工程变更的报送和审批应与建设进度同步，应建立工程变更管理考核机制。项目交工验收前，建设单位应完成工程变更情况的统计和汇总，填报工程变更统计表和工程变更台账表，编制工程变更管理情况报告，并经盖章确认后于交工验收前1个月报送交通运输工程造价管理机构。交通运输工程造价管理机构应检查项目交工验收前的变更处理情况，编制检查情况报告报交通运输主管部门，交通运输主管部门在项目交工验收备案管理中对工程变更检查情况进行评价。

7　开展设计变更管理行为和设计变更文件（含造价）编制质量评价，对参与编制、审核的从业单位和人员的工作质量进行评价，有效运用评价结果。

8　编制造价管理台账中与本阶段有关的内容，建立和维护施工至结算阶段的造价数据链，校验并形成工程结算基础数据的闭合；组织对设计变更和施工图设计工程量进行汇总，形成竣工图。

3.3.8　**建设单位在项目实施过程中应按有关要求和本指南的有关规定建立并动态维护公路工程造价管理台账，实现设计概算控制目标**。省管公路建设项目的建设单位应于次年 2 月将造价管理台账报省交通运输工程造价管理机构，并按要求将数据上传至造价管理系统。建设单位应重视设计工程数量的管理，特别是采用设计施工总承包建设管理模式的项目，应做好工程数量台账的动态管理。工程数量台账主要反映项目在前期、设计、实施、竣工等不同阶段的建设规模、主要设计类型、主要工程数量的变化等内容，形成工程可行性研究、初步设计、施工图设计、竣工图的主要规模、主要工程量变化对照。

3.3.9　**公路建设项目推行过程结算，实现工完账清**。工程结算管理应按有关制度、标准的规定和合同约定执行。建设单位对工程结算管理的工作主要有：

1　对施工、征拆等类别的合同，组织对有条件的工程或费用进行过程结算，做好项目过程结算工作方案编制、计划审核和组织实施。按时审核承包人上报的造价文件及资料，及时收集和整理现场记录、签认、数量、费用计算依据、质量评定等基础性资料，分期开展过程结算。对设计、咨询等其他类别的合同，按合同约定办理结算，及时应结尽结。

2　工程全部实施完成后，开展工程最终结算。组织承包人和监理单位编制、审核和上报结算，开展结算谈判（如需），完善工程结算的合同手续和有关审批程序。宜在项目交工验收通车后 1 年内完成工程最终结算。

3　开展过程结算和合同结算文件的质量评价，提出评价意见。对编制、审核单位（如有）和人员的工作质量进行评价，有效运用评价结果。

3.3.10　**公路建设项目竣工决算管理应按《广东省交通运输厅关于印发广东省公路建设项目竣工决算实行备案制管理的通知》（粤交基〔2020〕598 号）执行，实行备案制度**。建设单位负责组织编制、审核和上报竣工决算文件，将项目竣工决算文件报送有相应管理权限的交通运输主管部门备案，交通运输主管部门出具备案意见。建设单位的竣工决算管理工作主要有：

1　**组织编制竣工决算文件**。在工程变更审批完成、合同结算费用已确认的基础上，组织参建单位按分工开展竣工决算文件的编制工作，以与批复建设规模和费用的对比分析为重点，完成建设全过程造价的对比。

   2 组织审核竣工决算文件。按《广东省交通运输厅关于进一步规范竣工决算报批工作的通知》（粤交基函〔2018〕603号）的有关规定开展建设项目竣工决算内部审计工作，根据内部审计报告修改和完善项目竣工决算文件。

   3 提交备案。按备案管理权限报送交通运输主管部门备案，竣工决算文件、有关数据应及时上传至造价管理系统，组织好行业备案的配合工作。

   4 交通运输主管部门出具备案意见后，应根据备案意见调整竣工决算报告及对应财务决算数据，并将调整后的项目竣工决算文件经完善确认手续后重新上传至造价管理系统。

   5 公路建设项目在工程交工验收通车后2年内应完成项目竣工决算文件的提交、备案，特殊情况下不宜超过3年。建设单位及其上级管理部门应建立编制、审核项目竣工决算文件的评价制度和评价标准，对参与编制、审核的从业单位和人员的工作质量进行评价，有效运用评价结果。

3.3.11 建设单位应在项目竣工验收前按《广东省交通运输厅关于公路工程造价管理的实施细则》（粤交〔2017〕10号）的有关规定编制造价执行情况报告，并提交竣工验收委员会审查。造价执行情况报告包括工程概况、投融资方式、建设管理模式、各阶段造价批复和执行情况、工程结算及交工验收前变更处理情况、造价监督检查和整改情况、竣工决算情况、项目造价控制目标实现情况、遗留问题、造价管控措施成效及体会、上级管理部门对项目的造价管理考核评价情况等内容。造价执行情况报告可单独编制，也可与项目建设执行情况报告合并编制。

3.4 质量管理

3.4.1 交通运输主管部门及其造价管理机构以监督检查和信用评价等方式对公路工程造价标准化管理的工作质量进行监督。建设单位的上级管理部门应加强对其管辖范围内建设项目造价标准化管理工作的指导，对造价标准化的责任落实和重点环节执行情况进行抽查和检查，开展建设项目造价管理行为和造价文件编制质量评价。建设单位及各参建单位应建立本单位造价标准化质量管理体系，确立质量方针，制订质量目标，明确质量控制手段，开展质量自评和互评。质量评价分造价管理评价和造价文件评价两类，可根据管理需要采用，有效运用评价结果，将其纳入公路建设市场从业单位及人员信用评价考核。

3.4.2 建设单位及各参建单位在项目实施过程中应按以下要求加强全过程造价管理工作：

   1 贯彻执行国家有关经济政策，交通运输部有关制度及行业标准、规范，广东省制定的地方性法规及行业制度、标准、规程。

  2 严格按基本建设程序编报造价文件，按本指南的有关规定报送并上传造价资料。

  3 指导和监督参建单位规范造价管理行为，建立造价管理台账，及时动态更新。

  4 建立和维护造价数据链，对设计图纸、设计数量、计价数量、计价依据、计量支付、工程变更、过程结算、造价管理台账、工程结算等环节进行闭合检查，提高各阶段图、表工程量和价格文件的质量。

  5 加强计划管理。工程实体、征地拆迁等合同宜在对应设计工程量台账确定后，开始规范计量与支付，保障工程实体进度与资金相匹配，合理控制资金风险。

  6 规范工程变更管理。严格执行变更审批制度，工程变更审批与建设进度同步。

  7 加强合约管理。严格执行合同约定，在规定时限内办理合同价格调整。

  8 重视造价文件编制质量审核和质量评价工作。建设单位的审核不流于形式，质量评价客观公正。

  9 科学有效进行全过程重点环节的造价控制，实现造价控制目标。

  10 重视造价文件档案管理，按有关规范的规定进行造价文件归档。

  11 积极对项目中的"四新"技术开展价值成本分析，并形成成本分析报告或补充定额。

  12 积极推进使用信息化手段和数据处理工具来实现项目造价管理，达到提升工作效率和促进技术进步的目的。

  13 按照规定收集、分析并向交通运输工程造价管理机构报送公路工程材料价格等造价信息，对各参建单位的材料价格信息工作进行监督指导、考核评价。

3.4.3 各阶段造价文件应根据相应的造价依据，按标准的格式编制。造价文件的构成，应按照适应性和匹配性原则，反映相应阶段的设计深度，保证数据的准确性和可追溯性，并满足全过程造价管理需要。应符合以下要求：

  1 造价文件组成完整，纸质版与电子版一致，电子版文件符合造价数据标准文件的规定。

  2 各阶段造价文件应建立准确、完整的造价数据链，保证数据链的稳定性；设计工程数量表格式样规范、内容完整，设计工程量与计价工程量一致；其他计价依据完整。

  3 造价依据、计价信息准确，编制说明内容完整、清楚，各阶段造价费用项目分类、分级严格按本指南第5.2节和第5.3节的有关规定执行，造价文件报表内容完整、格式规范、数据闭合。

  4 上传造价管理系统的信息符合规定，内容全面、准确，文档归类整齐。

3.4.4 建设单位和参建单位应接受交通运输主管部门的造价监督检查，被检查的单位和人员应当予以配合，不得妨碍和阻挠依法进行的检查活动。造价监督检查可独立开展，也可结合公路建设市场督查一并开展。

3.4.5 造价管理质量评价采用评分制，具体评分项见表3.4.5，作为交通运输主管部门交通运输工程造价管理机构和建设单位的上级管理部门对项目建设单位、建设单位的上级管理部门进行评价的依据。建设单位对各参建单位的造价管理工作质量进行评价，其评价办法和评价标准可参照表3.4.5，由各建设单位根据项目特点和管理需要自行制定。

建设项目造价管理质量评价标准　　　　表3.4.5

序号	评价内容		分值	评分要点及分值标准
一	响应性评价（共15分）	各阶段造价文件按基本建设程序进行编报	5	未严格按基本建设程序编报造价文件的，每项扣2分，扣完为止
		电子文件上报造价管理系统	10	未按本指南规定填报及上传资料，视情节轻重每次扣1~2分，未按要求整改的每次扣分1~2分
二	管控性评价（共85分）	管理制度的建立及落实情况	5	1. 造价人员、造价文件编审评管理等制度，每缺一项扣1分，扣完为止。 2. 制度存在明显不合理条款，条款与法律法规以及规章制度存在冲突，每一处扣1分，扣完为止。 3. 制度落实不到位，每一处扣1分，扣完为止
		项目造价信息化、数据化管理	5	依据信息化、数据化管理应用是否满足本指南第3.6节、第3.7节的主要规定，按评价扣1~5分
		报送材料价格等造价信息情况	10	从未向交通运输工程造价管理机构报送信息的扣10分。按项目过程中综合评价报送质量情况扣分
		对参建单位的管理	5	1. 对参建单位的造价管理工作指导和监督不足，按评价扣1~3分。 2. 参建单位的造价人员配备不满足项目要求，扣2分
		造价管理台账建立及更新情况	5	1. 台账不完整、不规范，按评价扣1~3分。 2. 台账未及时更新，每发现一次扣2分，扣完为止
		设计数量台账建立与管理情况（可与造价管理台账合并建立）	5	1. 台账不完整、不规范，按评价扣1~5分。 2. 台账未按有关规定程序进行管理，按评价扣1~5分
		变更管理情况	5	1. 未按规定申报和批复的，一项扣1分，扣完为止。 2. 变更费用超过批复概算5%，扣2分。 3. 变更上报审批效率严重滞后，扣2分

续上表

序号	评价内容		分值	评分要点及分值标准
二	管控性评价（共85分）	其他合同价格调整管理情况	5	1. 其他合同价格调整的上报、审核、审批不及时，每项扣1分，扣完为止。 2. 其他合同价格调整不符合合同约定，每项扣2分，扣完为止
		推进过程结算工作情况	5	1. 未推行过程结算工作的，0分。 2. 有推行过程结算工作的，根据工作完成质量情况，加1~5分
		造价对比（执行）情况	5	无造价对比（执行）情况的，每次扣1分
		主要造价文件质量评价情况	10	1. 造价文件质量严重影响项目建设目标，扣5分。 2. 造价文件质量评价低于60分，每次扣3分。 3. 造价文件质量评价低于80分、大于或等于60分，每次扣2分
		概（预）算执行情况	15	1. 总投资（扣除动态变化后）超批复概（预）算10%，扣10分。 2. 总投资（扣除动态变化后）超批复概（预）算0%~10%，扣5分
		各阶段造价文件归档情况	5	1. 造价文件未进行归档的，扣5分。 2. 归档不完整的，每缺一项扣1分，扣完为止
三	加分项：管理提升与社会贡献评价（共10分）	有效的造价控制措施	3	设计和实施阶段，采取措施并产生社会或经济效益明显的，加3分
		造价管理亮点	4	1. 每处加1分，最高3分。 2. 获得省级单位及以上造价类表彰（含课题奖）的，每项加1分，最高4分
		针对项目中应用的"四新"技术开展成本测算和分析	3	1. 形成企业及以上等级标准的，加2分。 2. 形成具有一定参考价值的分析报告的，加1分

3.4.6 造价文件质量评价标准采用评分制，具体评分项见表3.4.6。对各阶段造价文件的质量评价，由各有关单位按管理需要采用。当项目造价文件需上报并进行行业审批时，交通运输主管部门造价管理机构对建设单位报送的造价文件质量进行评价；当项目依据合同约定进行考评时，由建设单位对设计、咨询、施工、监理等单位编制或审核的造价文件质量进行评价；造价文件审核单位可对编制单位开展评价，评价意见可作为建设单位评价编制单位的参考依据。

1 一级及以上公路项目的造价文件质量评价按投资估算、设计概算、施工图预算、招标清单及清单预算、合同清单、工程变更费用文件、造价管理台账、工程结算、竣工决算分别进行。一级以下公路项目的造价文件质量评价按设计（概）预算、招标清单或清单预算、合同清单、工程结算、竣工决算等分别进行。

  2 造价文件质量评价可采用分项定量评价或综合定性评价。

  3 评价口径为对应批复概算范围的造价费用项目，属于运营分摊、项目间投资分摊、费用项目节归类等因素引起费用增减的，不作为造价差错计算。

  4 送审的造价文件被评价为"差"时，应退回整改后重新报送。

造价文件质量评价标准   表3.4.6

序号	评价内容		分值	评价方式	评分标准
一	分项定量评价				
1	符合性检查	造价文件的组成完整	—	以"是/否"评价，不符合的应退回整改	
		电子文件格式符合规定	—		
		电子版与纸质版对应	—		
2	基本信息评价（10分）	基础信息填写的完整性	2	好（1）较好（0.8）一般（0.6）较差（0.4）差（0）	根据评价情况（好、较好、一般、较差、差），按相应分值评分
		上阶段的造价文件归档	5		
		对符合性检查事项的复核	3		
3	造价数据链评价（25分）	数据结构化程度	5		
		工程量表标准化及数据化程度	5		
		图、量对应数据化程度	5		
		数据衔接传递的方便性	5		
		数据库的匹配程度	5		
4	造价文件评价（20分）	专业计价依据的选用	5		
		编制说明的规范性	3		
		费用项目分类分级的符合性	3		
		费用项目数量的完整性及准确性	5		
		造价文件报表的规范性	4		
5	造价费用合理性评价（45分）	总造价偏差情况	15	｜(送审总造价－审核总造价)/审核造价｜≤A	12~15分
				A<｜(送审总造价－审核总造价)/审核造价｜≤B	9~12分
				｜(送审总造价－审核总造价)/审核造价｜>B	<9分
		工程量偏差情况	15	标准项目"目"项次造价增减金额绝对值>100万元，且对总造价增减比例>1%	每处扣2分
				标准项目"目"项次造价增减金额绝对值>100万元，且对总造价增减比例≤1%	每处扣1分

续上表

序号	评价内容		分值	评价方式	评分标准
5	造价费用合理性评价(45分)	工程量偏差情况	15	10万元＜标准项目"目"项次造价增减金额绝对值≤100万元	每处扣0.5分
				标准项目"目"项次造价增减金额绝对值≤10万元	不扣分
		单价或分项造价指标偏差情况	10	标准项目"目"项次增减金额绝对值＞100万元，且对总造价增减比例＞1%	每处扣2分
				标准项目"目"项次增减金额绝对值＞100万元，且对总造价增减比例≤1%	每处扣1分
				10万元＜标准项目"目"项次造价增减金额绝对值≤100万元	每处扣1分
				标准项目"目"项次造价增减金额绝对值≤10万元	不扣分
		综合造价指标偏差情况	5	标准项目"目"项次偏差影响该项造价增减比例＞10%	每项扣2分
				5%＜标准项目"目"项次偏差影响该项造价增减比例≤10%	每项扣1分
				标准项目"目"项次偏差影响该项造价增减比例≤5%	不扣分
二	综合定性评价		100	好	90~100分
				较好	80~90分
				一般	70~80分
				较差	60~70分
				差	＜60分

注：1. "工程量偏差情况"为造价文件与设计图纸或现场量测数量之间的误差情况，"单价或分项造价指标偏差情况"为采用错误的计价标准计算产生的单价偏差引起造价偏差的情况，综合造价指标偏差情况为没有计价标准可用时的估价偏差情况。

2. 评价投资估算、设计概算、施工图预算、清单预算、重（较）大设计变更费用文件时，A取5%，B取10%；评价竣工决算时，A取1%，B取3%。

3.5 信用管理

3.5.1 公路造价信用管理是广东省交通建设市场信用管理体系的组成部分。应依据《广东省交通运输厅关于印发公路工程从业单位信用评价实施细则的通知》（粤交

〔2021〕20号）、《广东省交通运输厅关于印发交通建设市场信用管理办法的通知》（粤交〔2022〕1号）、《广东省交通运输厅关于印发交通建设从业人员信用评价的实施细则的通知》（粤交〔2022〕2号）等文件的规定开展公路造价信用管理工作。

3.5.2　省交通运输主管部门负责全省公路信用管理工作，负责确定建设、设计、施工、监理、咨询等从业单位和从业人员的信用评价评定标准，组织信用评价并审定、公布评价结果。公路造价管理机构配合交通运输主管部门制订公路造价信用评价标准、有关管理细则，承担造价信用评价事务性工作，并结合日常公路建设项目造价管理工作情况，及时统计建设、设计、施工、咨询等单位和人员在公路建设项目中存在的造价失信行为。

3.5.3　造价信用信息包括基本信息、信用评价信息和与信用有关的其他信息。造价信用评价信息可根据《广东省交通运输厅关于印发公路工程从业单位信用评价实施细则的通知》（粤交〔2021〕20号）附件三《广东省公路从业单位信用评价评定标准》确定，也可利用符合本指南规定的各项质量评价结果。

3.5.4　造价信用管理应遵循"客观、公平、公正、公开"的原则，对从业单位和人员的信用情况进行如实、准确地评价。公路造价信用评价采用定期评价与动态评价相结合的方式。

3.5.5　项目建设单位及其上级管理部门应根据交通运输主管部门的通知，定期开展对参建单位和人员的信用评价工作，及时将评价结果报送交通运输主管部门，并有效利用信用评价结果，提升行业从业单位和人员诚信意识。

3.6　档案管理

3.6.1　建设项目应建立造价文件档案管理制度，其内容包括造价文件的收集、分类、组卷、归档、借阅、保密以及归口管理部门等。

3.6.2　造价文件宜运用互联网技术实行档案数字化存储和管理。实施档案数字化存储和管理的项目，造价文件的电子版应与纸质版同步归档。

3.6.3　对于不要求以纸质版归档的造价文件，应对其电子文件进行归档。所用电子文件应以通用格式形成、收集并归档，并应具备格式开放、不绑定软硬件、显示一致、可转换、易于利用、可编辑等特性。

3.6.4 采用专业造价工具软件编制的造价文件应转换成通用格式电子文件，和源数据文件一并进行归档。对源数据文件进行归档时，应在文件名称中注明所使用软件的名称和版本号。

3.6.5 各阶段造价文件送审及审定后的版本均应归档。归档文件应系统整理组卷，建立索引，便于保管、查询和利用。省管公路建设项目应实现全过程各阶段的造价信息归并和采集，其中投资估算、设计概算、施工图预算、招标清单预算、合同清单、重（较）大设计变更费用文件、年度造价管理台账、交工造价文件、竣工决算等造价电子文件还应归档至造价管理系统，应符合本指南第3.6.4条的有关规定。

3.7 信息化管理

3.7.1 建设项目应采用信息化技术进行造价文件的编制和造价数据的输入、输出、查询，宜与项目建设管理信息化系统协同，实现公路工程各阶段造价数据的传递和交换，以及造价文件的归档。

3.7.2 公路工程造价信息化工具的开发和造价文件的处理应符合有关造价标准以及本指南关于标准化的规定，具备工程造价信息可追溯、依据可对应、数据可分析和展现准确的功能。

3.7.3 采用信息化工具输出的工程造价数据文件格式应符合交通运输部及广东省的有关规定，有利于促进公路工程造价数据积累、共享和利用。

3.7.4 省交通运输主管部门已建成可开展省管公路项目造价数据流、区域造价数据流管理的建设养护平台造价监管子系统（即造价管理系统），省管公路项目的建设单位应按下列要求通过造价管理系统报送项目造价信息：

1 需要提交造价文件给行业审查时，建设项目应通过造价管理系统报送各阶段造价文件，按本指南附录A及时填报系统需要采集的项目基本信息等数据。

2 项目在报送工程可行性研究报告前，项目建设单位（未确定的，暂为项目筹备单位）应在造价管理系统上建立项目账号，负责项目各阶段造价文件上传工作。项目建设单位组建后，项目筹备单位应将相应的账号、信息移交项目建设单位负责管理。

3 建设单位是项目建设全过程中在造价管理系统填报造价文件的主体责任单位，应掌握系统各环节窗口信息填报要求，保障造价信息质量，提高信息可应用性。

4 建设单位的上级管理单位可通过造价管理系统开展对项目造价文件的查看和管理工作。

5 省管公路建设项目应按本指南附录A的要求在造价管理系统中填报、归档各阶段送审和审定的造价文件。

3.7.5 省管公路建设项目的造价信息化管理应符合以下要求：
1 项目建设单位应按照造价管理系统的数据交互要求，实现与项目建设管理信息系统造价管理模块的对接。
2 项目建设管理系统的造价管理模块宜结合本指南的有关规定，直观地展现项目各阶段造价管理的结果，实现各阶段造价的动态对比和造价管理台账的动态更新，实现计量与支付、工程变更、工程结算的动态管理，以及全过程造价预控。

3.7.6 各地市交通运输主管部门宜积极建立交通造价管理信息化系统，利用信息化手段对项目造价管理进行监督，并与造价管理系统进行对接。地市未建立信息化系统时，可利用省级造价管理系统进行项目造价文件的上传、管理。

3.8 造价数据化

3.8.1 鼓励通过数字技术推进造价数字化、智能化管理。鼓励开展以项目造价数据为主中心和主纽带，以多向信息和数据的载入来反映建设项目的数智化建造过程。

3.8.2 **鼓励开发、应用适用于全过程和全方位造价管理的数据化管理系统，逐步从造价基本信息管理拓展至全过程、全方位的造价数据管理。**

3.8.3 省级造价管理系统致力于对项目从立项至竣工验收全过程各阶段造价数据信息的归集、开发，逐步实现广东省公路建设项目造价数据的动态管理。

3.8.4 鼓励开发数据结构化程度高的专用造价数据处理工具，能识别多类型文档，提取和处理数据，输出交互数据文件，实现造价数据的读、阅、转。

3.8.5 建设项目在推进造价数据化管理时，宜符合以下要求：
1 数据流管理：识别数据、追踪数据在使用过程中的变化，对数据进行检索、定位、管理、评估。
2 数据采集：根据数据标准，梳理数据区，形成数据目录、结构化数据结果，分析并建立所需数据的模型，用于定义和规范数据结构，方便后续存储。
3 数据质检：对所采集数据的质量进行检测，保障其完整性、准确性、关联一致性、规范性等。针对可能出现的异常情况设定检测规则，满足个性化、自定义需求。
4 数据审核：需对照数据采集的主要内容进行审核。
5 数据应用：数据主要用于造价文件形成和分析。定义数据处理规则进行数据转换。

  6 数据维护：包括数据查询、修改和删除，以及数据关联关系的查询、新增、修改和删除。

  7 数据接口：按照行业标准形成接口数据文件。

3.8.6 建设项目开展造价文件数字化交付，宜符合以下要求：

  1 文件格式具有可读性，符合应用数据标准，其中估算、概（预）算数据文件应符合现行《公路工程建设项目造价数据标准》（JTG/T 3812）的有关规定。

  2 专用软件数据包可输出 xml、pdf 格式的文件，Excel、Word 等软件可编辑的通用的结构化数据，视频、图像等非结构化数据，能够满足本指南附录 A 关于各阶段造价文件报送及采集的规定。

  3 内容应符合各阶段造价文件组成的要求。造价文件组成数据间的关系表述，在符合相应标准的前提下，由专用软件按需求自行拓展。

  4 质量评价数据能响应本指南第 3.4 节有关质量管理的规定。

  5 数字化交付文件应保证数据传递的准确性、完整性和有效性。

  6 数字化交付文件的结构应具有开放性和可扩展性。

  7 BIM 信息模型中的造价数据模型、元素及信息应符合相应标准。

3.8.7 建设项目实现工程造价全过程数据链，宜符合以下要求：

  1 造价数据链工具宜满足工程造价文件数据可追溯、依据可对应、数据可分析和信息展现准确、数据存储时长符合要求。

  2 投资估算、设计概算、施工图预算、招标工程量清单、清单预算文件数据链宜包含设计数量表的工程量数据至造价计算采用的数据结果间的链接关系，主要依据性文件（图纸、计价依据、政策性文件等）宜实现信息化，数据链中的分类文档完整、对应合适、数据链接稳定、数据对应准确、数据计算准确、数据传递便捷、存储时长符合要求。

  3 公路土建、交安、机电、征地拆迁等主要合同、结算工程量清单文件宜以施工图阶段传递的数据链文件为基础建立，实施阶段工程变更等变化应进行动态修正及补充依据。施工图总体修订后的设计数量计算费用与合同+变更费用应进行多向动态闭合检查，直至工程结算。

  4 建设单位应完整、及时地做好各阶段造价文件数据的编制、传递、维护工作，确保数据链符合质量要求。

  5 以初步设计文件为依据进行发包的公路建设项目，应建立初步设计招标、合同价、施工图设计数量台账至竣工图的数据链文件，以管量不管价原则进行设计、变更、实施的工程数量的数据链管理。

3.8.8 造价数据处理工具的功能应符合以下要求：

  1 数据流的准确性：应符合各阶段各类型造价文件编审规定的计算方法和计算

精度。

　　2　数据流的更新：造价依据数据发生变化后，能及时更新对应的结构化数据，例如重新计算造价、重新进行质量评定、更新进度目标等。

　　3　数据库的追源和应用衍生：造价数据应能够体现数据来源、过程、结果的溯源关系，多数据库间数据交换的逻辑应清晰。可按照主要的需求进行数据拓展应用，形成定制报表或图表。

　　4　数据库应用反馈：具备数据库管理和查询功能。

　　5　具有可靠性、稳定性、安全性。

3.8.9　造价数据分析辅助决策工具的功能宜符合以下要求：

　　1　造价数据统计分析服务于建设管理和行业监管需要。

　　2　能够进行造价数据库的统计查询或多个表的关联查询。

　　3　实现造价数据的查询、统计、对比、分析以及造价指标的基础采集和数据分析功能。

　　4　具备造价管理前、后阶段之间连续的数据处理和分析功能，提升造价全过程各环节的纵比、横比数据处理效率，实现全链条、全呼应闭环和高效、准确的数据应用。

　　5　区域内的多项目特性、特征数据参考比较。

3.8.10　鼓励建立以工程造价数据为基础携带多维信息载入，形成投资规模下的项目实体规模、实施目标、实施速度、实施质量等项目建造主要特征和信息。

3.8.11　鼓励采取有效的造价管理措施、管理方法、多维信息技术，保障建设项目实现多维造价信息采集，并及时总结成果，以促进交通造价数字化技术的研究、应用和推广。

4 造价文件体系

4.1 一般规定

4.1.1 广东省公路工程造价文件体系以现行《公路工程建设项目造价文件管理导则》(JTG 3810)的规定为基础，并符合本指南的有关规定。

4.1.2 各阶段造价文件应包括封面、目录、编制说明、表格、辅助资料和相应的数据文件。表格一般分为甲组文件表格、乙组文件表格和辅助表格。

4.1.3 各阶段造价文件应根据对应的造价标准等依据，按本指南规定的内容和格式编制，应能完整、准确地反映公路建设项目的建设规模、工程数量、单价、合价的数据关系和各阶段造价结果。

4.1.4 各阶段造价文件的表格应按本指南规定的格式填制；辅助类表格和审核类表格不能满足建设项目管理需要时，可根据项目特点和管理需要进行调整。

4.1.5 提交公路工程造价文件进行审批（查）时，乙组文件表格和辅助资料可以电子文件形式提交，其他文件应同时提交纸质文件和电子文件。

4.2 造价文件组成

4.2.1 项目建议书阶段的造价文件，主要有项目建议书投资估算文件。可行性研究阶段的造价文件，主要有可行性研究投资估算文件，属于工程可行性研究报告的组成部分。

4.2.2 初步设计阶段的造价文件，主要有初步设计概算文件。技术设计阶段（如有）的造价文件，主要有修正设计概算文件。施工图设计阶段的造价文件，主要有施工图预算文件。设计阶段的造价文件均属于设计文件的组成部分。

4.2.3 招标阶段的造价文件，主要有招标工程量清单文件、招标清单预算文件和以此为基础的标底或最高投标限价文件。合同签订阶段的造价文件，主要有合同工程量清单文件。招标工程量清单文件属于招标文件的组成部分。合同工程量清单文件属于合同文件的组成部分。

4.2.4 施工阶段的造价文件，主要有计量与支付文件、工程变更费用文件、过程结算文件和造价管理台账等。

4.2.5 竣（交）工阶段的造价文件，主要有交工验收造价文件、工程结算文件、竣工决算文件和造价执行情况报告等。

4.2.6 各阶段的造价文件构成公路建设项目全过程造价文件体系。各项目同一阶段造价文件的数据应可汇总，前、后阶段的造价文件的数据宜实现相互衔接。

5 造价项目组成

5.1 一般规定

5.1.1 构成公路建设项目造价文件的造价项目主要有造价标准费用项目、工程量清单子目、工料机类别、造价指标等内容。

5.1.2 广东省公路建设项目造价项目组成遵循现行《公路工程建设项目造价文件管理导则》（JTG 3810）的规定，按照现行《公路工程建设项目投资估算编制办法》（JTG 3820）、《公路工程建设项目概算预算编制办法》（JTG 3830）、《公路工程建设项目竣工决算编制办法》等交通运输部发布的计价标准，结合广东省交通运输厅有关补充规定和全过程造价标准化管理要求确定。

5.1.3 编制各阶段造价文件时，采用的造价费用项目应符合本指南的造价管理标准费用项目的设置规定，具体见附录 B。

5.1.4 公路工程建设项目采用工程量清单方式计价时，其工程量清单的"工程或费用"以子目形式表现，工程量清单子目的组成应符合现行《公路工程建设项目造价文件管理导则》（JTG 3810）第 4.3 条及《广东省执行交通运输部公路工程标准施工招标文件范本（2009 年版）的补充规定》（粤交基〔2010〕355 号）的有关规定。

5.1.5 工料机类别和造价指标有关要求应符合现行《公路工程建设项目造价文件管理导则》（JTG 3810）第 4.4 条、第 4.5 条的规定。

5.2 全过程造价标准费用项目

5.2.1 通过规定统一的"全过程造价标准费用项目"来衔接公路建设项目全过程各阶段的工程造价，以实现项目前、后阶段的工程造价数据对比。"全过程造价标准费用项目"适用于广东省公路建设项目在投资估算、设计概算、施工图预算、清单预算、合同价、造价管理台账、工程变更、工程结算、竣工决算等各阶段的造价管理。本指南附录B（广东省公路工程全过程造价管理标准费用项目表）中所列每一条造价管理标准费用项目的编码、名称、单位、备注内容均应一一对应，不得任意更改。

5.2.2 本指南附录B（广东省公路工程全过程造价管理标准费用项目表）是对《广东省交通运输厅关于〈公路工程建设项目投资估算编制办法〉〈公路工程建设项目概算预算编制办法〉及配套指标定额补充规定的通知》（粤交基〔2019〕544号）中的《广东省公路工程建设项目投资估算费用项目表》《广东省公路工程建设项目概算、预算费用项目表》和《广东省执行交通运输部公路工程标准施工招标文件范本（2009年版）的补充规定》（粤交基〔2010〕355号）中三级清单项目节的重新修订。本指南发布后，上述文件中与费用项目有关的内容按本指南附录B更新。

5.2.3 造价管理标准费用项目的编码（分项编号）采用阿拉伯数字分级组合，由部（1位数）、项（2位数）、目（2位数）、节（2位数）、细目（2位数）组成，以部、项、目、节、细目的结构逐级展开。具体见表5.2.3的规定及图5.2.3的示例。

造价管理标准费用项目分级及编码规则　　　　　表5.2.3

层级	一	二	三	四	五
	部	项	目	节	细目
位数	1位	2位	2位	2位	2位
编码范围	1~9	01~99	01~99	01~99	01~99

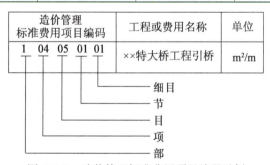

图5.2.3　造价管理标准费用项目编码示例

5.2.4 编制公路建设项目各阶段造价文件时，应根据编制阶段的设计深度确定费用项目层次，在造价管理标准费用项目不能满足编制阶段计量和计价的深度时，可扩展费用项目，扩展费用项目应符合现行《公路工程建设项目造价文件管理导则》（JTG 3810）

第4.2.4条的规定。具体规则如下：

1 当公路工程建设项目实际出现的"工程或费用项目"与本指南附录B中"工程或费用项目"不同时，项、目、节、细目的"工程或费用项目"可根据需要增减，但造价管理标准费用项目表中已有的编码序号和项目不得改变。

2 造价管理标准费用项目表中没有而根据实际需要新增的"工程或费用项目"可按规定的规则有序增补新的项、目、节、细目。

3 造价管理标准费用项目表中已有但根据实际不需要的"工程或费用项目"，除"部"的编码序号和内容保留外，可不再保留未出现的"项"及以下层级的费用项目。

4 土地使用费应结合现行《土地利用现状分类》（GB/T 21010）进行细分。

5 迁改工程应结合设计工程数量表分类进行补充、细化。

5.2.5 各阶段构成公路建设项目基本造价的造价管理标准费用项目的部、项层级主要内容见图5.2.5。

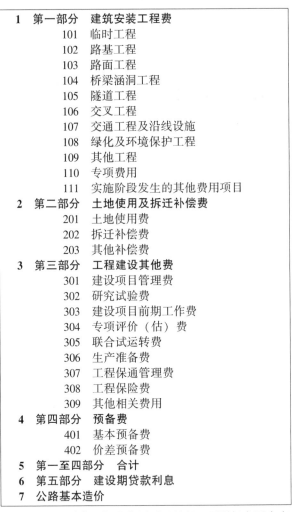

图5.2.5 造价管理标准费用项目的部、项层级主要内容

5.2.6 本指南中引用的依据性文件（附录C）如有更新，以最新文件为准。

6 项目建议书及可行性研究阶段造价管理

6.1 一般规定

6.1.1 项目建议书及可行性研究阶段的造价管理工作主要是投资估算的确定和控制。

6.1.2 建设单位或项目筹备单位（以下统称为"建设单位"）对投资估算承担造价控制的主体责任，确定投资控制目标，负责组织投资估算的编制工作。组织编制单位全面了解工程所在地的建设条件和经济发展要求，加强设计人员与估算编制人员沟通交流，引导编制单位进行多方案技术经济比选，合理确定工程规模、技术标准和工程方案，确保投资估算的匹配性和合理性。

6.1.3 项目建议书及可行性研究编制单位对项目投资估算承担设计控制责任，确保项目投资估算造价基础资料真实、完整，项目造价真实、全面反映可行性研究成果内容。

6.1.4 项目建议书及可行性研究阶段的投资估算应按现行《公路工程建设项目投资估算编制办法》（JTG 3820）、《广东省交通运输厅关于〈公路工程建设项目投资估算编制办法〉〈公路工程建设项目概算预算编制办法〉及配套指标定额补充规定的通知》（粤交基〔2019〕544号）等有关规定编制。

6.1.5 现行交通运输部颁布及广东省交通运输厅补充发布的公路工程配套的估算指标和定额标准未涵盖的专业工程，其估算的编制应执行对应专业行业管理部门的计价规

定，并按对应费用项目汇总，计入公路建设项目总体估算文件。

6.1.6 投资估算由多家单位共同承担或分段编制时，建设单位应指定（或通过合同约定）总协调单位，由其负责具体编制工作的总体规划和部署，统一编制原则、编制方法和造价水平，汇总造价数据和资料，对比分析前后阶段造价等综合性工作。

6.1.7 建设单位及其上级管理部门在项目建议书、可行性研究报告（含投资估算）报送审查前应对投资估算进行全面审核，提出审核意见，填报审核表格，形成正式审核文件，并对编制质量作出评价。审核文件应随项目建议书和可行性研究报告一并报审。

6.1.8 经有关部门批准或核准后的投资估算是公路建设项目决策的重要依据。

6.2 投资估算

6.2.1 投资估算应坚持符合规定、实事求是、合理控制的原则，确保编制成果的合法性、完整性、准确性，并应符合项目建议书、可行性研究报告阶段的工作深度和管理要求。

6.2.2 编制单位应根据项目的设计文件，全面了解工程所在地建设条件，掌握各项基础资料，正确引用造价依据、计价信息进行投资估算编制；估算应完整，不留缺口。编制调整规模的投资估算时，还应以设计文件或可证明规模变化的其他文件为基础，结合项目实施情况及实际发生费用情况，确定估算金额。

6.2.3 投资估算的编制依据应包括以下内容：
1 国家发布的有关法律、法规等。
2 项目建议书或工程可行性研究图纸等设计文件及评审意见、工程设计方案等，主要包括设计工程数量表和征地拆迁方案等。
3 经批准的项目建议书等有关资料。
4 交通运输部发布的现行《公路工程建设项目投资估算编制办法》（JTG 3820）、《公路工程估算指标》（JTG/T 3821）、《公路工程概算定额》（JTG/T 3831）、《公路工程预算定额》（JTG/T 3832）、《公路工程机械台班费用定额》（JTG/T 3833）等计价规定标准。
5 广东省交通运输厅发布的补充规定和计价标准等。
6 有关行业的计价编制办法和定额标准等。

7 经调查的工程所在地的人工、材料与设备、施工机械价格,"四新"工艺或特殊材料价格等计价资料。

8 工程所在地征地拆迁费用和工程建设其他费用有关计价标准等。

9 有关合同、协议等。

10 其他有关资料。

6.2.4 投资估算文件包括封面、扉页、目录、编制说明、甲组文件表格、乙组文件表格、辅助表格、审核文件、辅助资料和相应的电子文件。应符合以下规定:

1 封面、扉页、目录、甲组文件表格、乙组文件表格、辅助表格、审核文件的组成和标准样式见本指南第二册。

2 编制说明应包括以下内容:

1) 项目概况。

2) 编制范围。

3) 编制依据。包括项目建议书或工程可行性研究报告,与造价确定有关的委托书、协议书、会议纪要,所采用的造价依据、计价信息以及其他依据性的资料等。

4) 编制原则。包括工程量计算,估算指标、定额及费用标准,人工、材料、机械台班单价的取定原则,征地拆迁取值依据及标准,主要定额调整原因等。

5) 编制结果。包括投资估算总金额,人工、钢材、水泥、沥青、地材等主要资源的总消耗量情况,主要设计方案的经济比选结果(如有)等。

6) 与前一阶段(如有)造价的主要技术经济指标、主要工程量的对比情况等。

7) 采用的造价软件名称及版本号。

8) 其他需要说明的事项。

3 辅助表格包括主要技术标准及工程规模统计信息。

4 审核文件应包括建设单位对投资估算的审核意见和编审对比报表。审核意见主要包括对推荐方案的意见、对设计工程量的意见、对造价费用的意见。

5 辅助资料,指除编制说明中提及的编制依据、计价规定外,与项目构成有关但未能在说明、表格中反映的计价资料,包括但不限于建筑安装工程单项指标及费用计列依据、征地拆迁补偿费用计列依据、项目前期工作费用计列依据、专项评估费用计列依据、项目有关合同(或协议)、新增费用组成分析、新增或特殊材料(或设备)单价确定依据等。

6 投资估算文件的成果交付应符合本指南第 3.6 节、第 3.7 节、第 4.1.5 条和附录 A 的有关规定。成果文件应包括电子文件,其中编制说明及报表类文件应为可编辑的通用电子文件,主要依据性资料和辅助资料(工程可行性研究报告、图册、征拆费用依据、专项评估费用依据等)可为 pdf 格式文件。

6.2.5 投资估算文件的组成见表 6.2.5。

投资估算文件的组成 表 6.2.5

序号	表格编号	文件组成	页码	备注
1		封面、扉页、目录	第二册第 2~4 页	
2		编制说明	—	
3		甲组文件表格		
3.1	估总 00 表	主要技术经济指标汇总表	第二册第 5~8 页	
3.2	估总 01 表	总估算汇总表	第二册第 9 页	
3.3	估总比 01 表	标准费用项目前后阶段对比表	第二册第 10 页	
3.4	估总 02 表	人工、材料、设备、机械的数量、单价汇总表	第二册第 11 页	
3.5	估 00 表	主要技术经济指标表	第二册第 12~15 页	
3.6	估 01 表	总估算表	第二册第 16 页	
3.7	估 02 表	人工、材料、设备、机械的数量、单价表	第二册第 17 页	
3.8	估 03 表	建筑安装工程费计算表	第二册第 18 页	
3.9	估 04 表	综合费率计算表	第二册第 19 页	
3.10	估 04-1 表	综合费计算表	第二册第 20 页	
3.11	估 05 表	设备费计算表	第二册第 21 页	
3.12	估 06 表	专项费用计算表	第二册第 22 页	
3.13	估 07 表	土地使用及拆迁补偿费计算表	第二册第 23 页	
3.14	估 07-1 表	土地使用费计算表	第二册第 24 页	
3.15	估 08 表	工程建设其他费计算表	第二册第 25 页	
4		乙组文件表格		
4.1	估 21-1 表	分项工程估算计算数据表	第二册第 26 页	
4.2	估 21-2 表	分项工程估算表	第二册第 27 页	
4.3	估 22 表	材料预算单价计算表	第二册第 28 页	
4.4	估 23-1 表	自采材料料场价格计算表	第二册第 29 页	
4.5	估 23-2 表	材料自办运输单位运费计算表	第二册第 30 页	
4.6	估 24 表	施工机械台班单价计算表	第二册第 31 页	
4.7	估 25 表	辅助生产人工、材料、施工机械台班单位数量表	第二册第 32 页	
5		辅助表格		
5.1	估辅 01 表	主要技术标准及工程规模统计表	第二册第 33~36 页	
6		审核文件		
6.1		封面、扉页、目录	第二册第 37~39 页	
6.2		审核意见	第二册第 40~44 页	
6.3	估审 01 表	对比分析情况汇总表	第二册第 45 页	
6.4	估审 02 表	总估算审核对比表	第二册第 46 页	
7		辅助资料	—	其他资料
8		电子文件	—	估算数据链文件

6.2.6 投资估算文件的行业审查程序如下：

1 投资估算文件应随同项目立项文件，按项目管理隶属关系和审批权限，报送交通运输主管部门进行行业性审查。

2 交通运输工程造价管理机构根据交通运输主管部门工作计划要求，对投资估算进行审查，出具审查意见报交通运输主管部门。

3 交通运输主管部门出具行业审查意见，按有关规定向发展改革行政主管部门转报项目可行性研究报告（含投资估算）审批或核准。

6.2.7 交通运输工程造价管理机构开展投资估算文件审查时，在送审资料齐全、估算编制符合要求的条件下，对一般项目宜在10~15个工作日内提出审查意见，对高速公路等技术复杂项目宜在15~20个工作日内提出审查意见。

6.3 造价管理重点工作

6.3.1 建设单位应完善本阶段有关建设程序，包括向城乡规划、国土资源、环境保护等部门申请办理规划选址、用地预审、环境影响评价等专项评估（审）手续，尽量减少影响确定投资估算的不确定因素。

6.3.2 建设单位应加强与编制单位对接，按照广东省高速公路、普通国省道前期工作综合管理指引和可行性研究工作指引等有关规定，组织编制单位合理确定工程规模和技术标准，督促编制单位及时落实有关主管部门意见，落实交通运输主管部门评审会议意见，组织进行建筑材料价格调查和征地迁改工程数量核实等工作。

6.3.3 编制单位应加强技术与经济的有机结合，开展多方案比选，确保工程规模和技术标准适当，工程方案、工程数量、工程造价相互匹配，注意核查工程可行性研究报告图表册提供的工程数量是否能满足估算指标的套用要求。编制时重点应注意以下内容：

1 注意有关依据文件的时效性。
2 加强涉铁及与特殊设施交叉的有关费用的调查，合理计列该项费用。
3 加强与同类项目的指标和工程量对比，合理确定造价并进行造价控制分析。
4 造价人员编制估算时应与工程可行性研究人员加强沟通，主动反馈设计方案的经济合理性，提高估算编制的有效性和准确性。
5 改扩建项目应充分考虑临时交通组织、桥梁拼宽、新旧路拼接、旧路处治、桥梁加固和旧材料利用等费用。

6.3.4 项目涉及多个编制单位时，各单位之间应加强沟通和统一；估算编制人员应加强与设计人员的互动，准确贯彻设计意图，能动促进设计、完善、联动落实评审意见。

6.3.5 建设单位应督促总体编制单位协调并统一估算文件编制原则、设备与材料价格、取费标准，汇总项目造价文件，检查各分段编制的造价指标的合理性和一致性，并与以往类似项目造价指标进行对比等。

6.3.6 各编制单位内部应实行自检与复核制度，保证估算文件的规范性、造价数据的准确性和合理性。自检和复核的内容应包括：
1 编制报告的完整性，编制格式的规范性。
2 指标或定额和计价依据选择的符合性。
3 计价工程数量摘取的正确性。
4 指标或定额的套用和调整，费率标准，人工、材料、设备、机械单价的采用、征地拆迁费用标准选取，其他费用取费基数及费率取定的准确性。
5 技术经济指标的合理性。
6 附件资料的完整性。

6.3.7 建设单位应加强可行性研究报告报送审批（查）前的审核工作，审核工作主要包括工程设计文件核查和造价文件核查，内容应符合以下规定：
1 设计文件核查主要内容包括但不限于：设计文件版本确定性，设计内容完整性，与现行标准及规范的符合性，主要工程方案与工程数量的匹配性，技术标准、建设规模、工程方案对上一阶段批复或核准文件、交通运输主管部门意见的落实执行情况，建设规模对比分析情况等。
2 造价文件核查主要内容包括但不限于：造价文件编制依据及编制格式的合法性、合理性、规范性，主要工程方案、工程数量与造价的匹配性，工程费用组成的完整性和准确性，附件资料完整性，造价对比分析情况等。

6.3.8 编制的工程可行性投资估算应不超出项目建议书阶段批复（核准）投资估算允许浮动范围。

6.3.9 项目可行性研究报告（含投资估算）报送审批或核准（备案）前，应按照交通运输主管部门的行业审查意见修改完善。

7 设计阶段造价管理

7.1 一般规定

7.1.1 设计阶段的造价管理工作主要是初步设计概算和施工图预算的确定和控制以及有技术设计时修正概算（如有）的确定和控制。

7.1.2 建设单位对设计阶段的造价控制承担主体责任，应根据项目需要保障造价专业人员的配置，并负责组织设计阶段造价文件的编制工作。建设单位应组织设计等有关单位认真落实行业意见，加强与地方及有关部门的协调，对设计、咨询等单位履约进行检查，把好造价文件上报关。组织做好前后阶段的造价对比，加强对设计概算超批复投资估算、施工图预算或者清单预算超对应批复设计概算的预控。

7.1.3 设计单位对设计阶段造价承担设计控制责任，应确保项目设计概算和施工图预算造价基础资料真实、完整，项目造价真实、全面反映设计内容。设计单位应建立造价文件质量管理内控制度，注重设计方案的技术经济比选，科学合理确定设计方案，加强设计与造价各专业之间的协调联动，确保设计文件的质量和深度以及造价水平与项目的匹配性，做好"图—表—价"一致性的核查，加强征地拆迁政策、标准和材料市场价格的调查等，合理编制工程造价。

7.1.4 编制设计概算和施工图预算应遵照现行《公路工程建设项目概算预算编制办法》（JTG 3830）和《广东省交通运输厅关于〈公路工程建设项目投资估算编制办法〉〈公路工程建设项目概算预算编制办法〉及配套指标定额补充规定的通知》（粤交基〔2019〕544号）等文件的规定。

7.1.5 现行公路工程配套的定额标准未包含的专业工程，其建筑安装工程费的概（预）算编制应执行对应行业的计价规定，并按对应费用项目汇总计入公路建设项目总体概算或预算文件中。

7.1.6 设计概算和施工图预算由多家单位共同承担或分段编制时，建设单位应指定（或通过合同约定）总协调单位，由其负责具体编制工作的总体规划和部署，统一编制原则、编制方法和造价水平，汇总造价数据和资料，对比分析前后阶段造价等综合性工作。

7.1.7 建设单位及其上级管理部门在初步设计概算和施工图预算报送审批前应对初步设计概算和施工图预算进行全面审核，提出审核意见，完成审核表格的填报，形成正式审核文件，并对编制质量作出评价。审核文件应随设计文件一并报审。

7.1.8 设计阶段的造价文件应满足本阶段设计方案比选的需要和对应设计深度的要求。经批准的设计概算应作为公路建设项目投资的最高限额，初步设计概算的静态投资部分不得超过经审批（或核准）投资估算静态投资部分的110%；施工图预算不得超过批准的初步设计概算。

7.2 设计概算

7.2.1 设计概算应符合初步设计阶段的工作深度和管理要求。编制设计概算时，应根据项目的设计文件，全面了解工程所在地建设条件，依据合理的施工组织方案，掌握各项基础资料，正确引用造价依据、计价信息。概算应完整，不留缺口。调整设计概算或修编设计概算时，应以设计文件为基础，结合项目实施情况及实际发生费用情况编制；必要时，需结合工程合同结算、决算预估等实际实施情况综合确定。

7.2.2 设计概算的准确度及细化程度应随项目的推进逐步提高。初步设计图表工程量发生变化时，概算应同步调整，以确保设计概算与设计图表的一致性。

7.2.3 公路房建工程中，管理、养护服务房建场区的大规模场地平整土石方、排水防护（如砌体挡土墙、排水沟等结构物圬工砌筑工程量大于 $500m^3$）、场地清理等工程项目，以及附属区建设所进行的大规模路面（主要为服务区、停车区、管理中心、集中住宿区面积大于 $2000m^2$ 的路面）工程的设计概算应并入公路工程的设计概算。零星的场地清理（如为房建工程实施±30cm场地清理等）、户外工程、房屋建筑工程、收费天棚工程可参照住房和城乡建设部门颁布的建筑、安装、市政等专业的计价办法和定额标准编制概算后汇总到项目总概算中。

7.2.4 设计概算的编制依据应包括以下内容：

1 国家发布的有关法律、法规等。

2 初步设计图纸等设计文件及审查意见、评审意见、咨询意见、工程设计及工程施工方案等，主要包括设计工程量数量表、施工组织方案及征地拆迁工作方案等。

3 可行性研究报告的批（核）准文件或初步设计有关的批复文件等资料。

4 交通运输部发布的现行《公路工程建设项目概算预算编制办法》（JTG 3830）、《公路工程概算定额》（JTG/T 3831）、《公路工程预算定额》（JTG/T 3832）、《公路工程机械台班费用定额》（JTG/T 3833）等计价规定和标准。

5 广东省交通运输厅发布的补充规定和计价标准等。

6 有关行业的计价编制办法和定额标准等。

7 经调查的工程所在地的人工、材料与设备、施工机械价格，"四新"工艺或特殊材料价格等计价资料。

8 工程所在地征地拆迁费用和工程建设其他费用有关计价标准等。

9 有关合同、协议等。

10 其他有关资料。

7.2.5 设计概算文件包括封面、扉页、目录、编制说明、甲组文件表格、乙组文件表格、辅助表格、审核文件、辅助资料和相应的电子文件。应符合以下规定：

1 封面、扉页、目录、甲组文件表格、乙组文件表格、辅助表格、审核文件的组成和标准样式见本指南第二册。

2 编制说明应包括以下内容：

1）项目概况。

2）编制范围。

3）编制依据。包括初步设计文件，与造价确定有关的委托书、协议书、会议纪要，所采用的定额、费用标准等计价依据，人工、材料、机械台班单价等价格依据，以及其他依据性的资料等。

4）编制原则。包括工程量计算规则，定额、费用标准，人工、材料、机械台班单价的取定原则，征地拆迁取值依据及标准，主要定额调整原因等。

5）编制结果。包括设计概算总金额，人工、钢材、水泥、沥青、砂石、地材等主要资源的总消耗量情况，主要设计方案的技术经济比选结果等。

6）与前一阶段（投资估算）造价的主要技术经济指标、主要工程量、土地使用及拆迁补偿变化的对比情况。

7）采用的造价软件名称及版本号。

8）其他需要说明的事项。

3 辅助表格包括主要技术标准、工程规模统计和各阶段主要工程规模对比信息。

4 审核文件主要包括建设单位对设计概算的审核意见和编审对比报表。审核意见应包括对编制情况的总体评价、对设计推荐方案和设计工程量的复核意见、对造价费用的复核意见。

5 辅助资料，指除编制说明中提及的编制依据、计价规定外，与项目构成有关但未能在说明、表格中反映的计价资料，包括但不限于建筑安装工程单项指标及费用计列依据、征地拆迁补偿费用计列依据、项目前期工作费用计列依据、专项评估费用计列依据、项目有关合同（协议）、新增补充定额或成本组成分析、新增或特殊材料设备单价确定依据等。

6 设计概算文件的成果交付应符合本指南第3.6节、第3.7节、第4.1.5条和附录A的有关规定。成果文件应包括电子文件，其中编制说明及报表类文件应为可编辑的通用电子文件，主要依据性资料和辅助资料（设计说明、设计图表、征拆费用依据、合同文件等）可为pdf格式文件。

7.2.6 设计概算文件的组成见表7.2.6。

设计概算文件的组成　　　　　　表7.2.6

序号	表格编号	文件组成	页码	备注
1		封面、扉页、目录	第二册第48~50页	
2		编制说明	—	
3		甲组文件表格		
3.1	概总00表	主要技术经济指标汇总表	第二册第51~54页	
3.2	概总01表	总概算汇总表	第二册第55页	
3.3	概总比01表	标准费用项目前后阶段对比表	第二册第56页	
3.4	概总02表	人工、材料、设备、机械的数量、单价汇总表	第二册第57页	
3.5	概00表	主要技术经济指标表	第二册第58~61页	
3.6	概01表	总概算表	第二册第62页	
3.7	概02表	人工、材料、设备、机械的数量、单价表	第二册第63页	
3.8	概03表	建筑安装工程费计算表	第二册第64页	
3.9	概04表	综合费率计算表	第二册第65页	
3.10	概04-1表	综合费计算表	第二册第66页	
3.11	概05表	设备费计算表	第二册第67页	
3.12	概06表	专项费用计算表	第二册第68页	
3.13	概07表	土地使用及拆迁补偿费计算表	第二册第69页	
3.14	概07-1表	土地使用费计算表	第二册第70页	
3.15	概08表	工程建设其他费计算表	第二册第71页	
4		乙组文件表格		
4.1	概21-1表	分项工程概算计算数据表	第二册第72页	
4.2	概21-2表	分项工程概算表	第二册第73页	

续上表

序号	表格编号	文件组成	页码	备注
4.3	概22表	材料预算单价计算表	第二册第74页	
4.4	概23-1表	自采材料料场价格计算表	第二册第75页	
4.5	概23-2表	材料自办运输单位运费计算表	第二册第76页	
4.6	概24表	施工机械台班单价计算表	第二册第77页	
4.7	概25表	辅助生产人工、材料、施工机械台班单位数量表	第二册第78页	
5		**辅助表格**		
5.1	概辅01表	主要技术标准及工程规模统计表	第二册第79～82页	
5.2	概辅02表	各阶段主要工程规模对比表	第二册第83～84页	
6		**审核文件**		
6.1		封面、扉页、目录	第二册第85～87页	
6.2		审核意见	第二册第88～93页	
6.3	概审01表	对比分析情况汇总表	第二册第94页	
6.4	概审02表	总概算审核对比表	第二册第95页	
7		辅助资料	—	其他资料
8		电子文件	—	概算数据链文件

7.2.7 设计概算编制完成后，应与前一阶段造价（批复或核准的投资估算）进行对比分析，并在编制说明中做简要描述。分析重点包括建设规模、主要设计方案、主要工程量的变化以及费用变化等内容。

7.2.8 设计概算的审批程序如下：

1 设计概算文件应按基本建设程序分级管理要求，与设计图纸文件同步报送交通运输主管部门进行设计审批（查）。

2 交通运输工程造价管理机构根据交通运输主管部门的工作计划要求，对初步设计概算进行审查，出具初步设计概算审查意见报交通运输主管部门。

3 交通运输主管部门依据行业有关规定对项目初步设计进行审查，出具设计批复（审查）文件。

7.2.9 交通运输工程造价管理机构在开展设计概算文件审查时，在送审资料齐全、概算编制符合标准要求的条件下，对一般项目宜在10～15个工作日内提出审查意见，对高速公路等技术复杂项目宜在15～20个工作日内提出审查意见。

7.3 施工图预算

7.3.1 施工图设计阶段应编制施工图预算，施工图预算文件是施工图设计文件的组成部分。施工图预算应按管理要求的界面编制，编制范围应与设计图表反映的内容相匹配，并符合施工图设计的工作深度和管理要求。编制施工图预算时，应根据项目的设计文件，全面了解工程所在地建设条件，依据合理的施工组织设计、详细的各项基础资料，正确引用造价依据、计价信息进行编制。

7.3.2 施工图预算的准确度及细化程度应随项目的推进逐步提高，施工图设计图表工程量发生变化时，预算应同时调整，以确保施工图预算与设计图表的一致性。项目分标段进行设计时，应分标段编制施工图预算，并进行总预算汇总。

7.3.3 公路房建工程中，管理、养护服务房建场区的大规模场地平整土石方、排水防护（如砌体挡土墙、排水沟等结构物圬工砌筑工程量大于 $500m^3$）、场地清理等工程项目，以及附属区建设所进行的大规模路面（主要为服务区、停车区、管理中心、集中住宿区面积大于 $2000m^2$ 的路面）工程的施工图预算应按公路工程的施工图预算编制要求进行编制。零星的场地清理（如为房建工程实施 ±30cm 场地清理等）、户外工程、房屋建筑工程、收费天棚工程可参照住房和城乡建设部门颁布的建筑、安装、市政等专业的计价办法和定额标准且按本指南第 8.4 节公路房建工程的招标清单预算编制要求、文件组成及标准化表格样式编制。

7.3.4 施工图预算的编制依据应包括以下内容：
1 国家发布的有关法律、法规等。
2 施工图设计文件及审查意见、工程施工组织设计等，重点为设计工程数量表、施工组织计划及临时设施布设，改扩建项目还应包括交通维护组织设计等。
3 可行性研究报告的批（核）准文件，初步设计批复文件或与施工图设计阶段有关的评审、批复文件等。
4 交通运输部发布的现行《公路工程建设项目概算预算编制办法》（JTG 3830）、《公路工程预算定额》（JTG/T 3832）、《公路工程机械台班费用定额》（JTG/T 3833）等计价规定和标准。
5 广东省交通运输厅发布的补充规定和计价标准等。
6 有关行业的计价编制办法和定额标准等。
7 经调查的工程所在地的人工、材料与设备、施工机械价格，"四新"工艺或特殊材料价格等计价资料。
8 有关工程所在地征地拆迁费用、工程建设其他费用计价标准等。

9 有关合同、协议等。

10 其他有关资料。

7.3.5 施工图预算文件包括封面、扉页、目录、编制说明、甲组文件表格、乙组文件表格、辅助表格、审核文件、辅助资料和相应的电子文件。应符合以下规定：

1 封面、扉页、目录、甲组文件表格、乙组文件表格、辅助表格、审核文件的组成和标准样式见本指南第二册。

2 编制说明应包括以下内容：

1）项目概况。

2）编制范围。

3）编制依据。包括施工图设计文件，与造价确定有关的委托书、协议书、会议纪要，所采用的定额、费用标准等计价依据，人工、材料、机械台班单价等价格依据，以及其他依据性的资料等。

4）编制原则。包括工程量计算规则，定额、费用标准，人工、材料、机械台班单价的取定原则，主要定额调整及"四新"工程计价依据等。

5）编制结果。包括施工图预算总金额，人工、钢材、水泥、沥青、砂石、地材等主要资源的总消耗量情况，主要设计方案的技术经济比选结果等。

6）对比批复初步设计概算的主要建设规模、工程方案、技术经济指标、主要工程量等的变化情况及原因分析。

7）采用的造价软件名称及版本号。

8）其他需要说明的事项。

3 辅助表格包括标段划分情况、本阶段造价执行情况、主要技术标准、工程规模、桥梁、隧道和互通工程规模以及各阶段主要工程规模对比信息。

4 审核文件主要包括建设单位对施工图预算的审核意见和编审对比报表。审核意见应包括对编制情况的总体评价、对设计方案和设计工程量的复核意见、对造价费用的复核意见等。

5 辅助资料，指除编制说明中提及的编制依据、计价规定外，与项目构成有关但未能在说明、表格中反映的计价资料，包括但不限于建筑安装工程各项单项指标及费用计列依据、项目有关合同（协议）、新增补充定额或"四新"工艺成本组成分析、新增或特殊材料设备单价确定依据等。

6 施工图预算文件的成果交付应符合本指南第3.6节、第3.7节、第4.1.5条和附录A的有关规定。成果文件应包括电子文件，其中编制说明及报表类文件应为可编辑的通用电子文件，主要依据性资料和辅助资料（设计说明、设计图表、合同文件等）可为pdf格式文件。

7.3.6 施工图预算文件的组成见表7.3.6。

公路工程施工图预算文件的组成　　　　　表7.3.6

序号	表格编号	文件组成	页码	备注
1		封面、扉页、目录	第二册第97～99页	
2		编制说明	—	
3		甲组文件表格		
3.1	预总00表	主要技术经济指标汇总表	第二册第100～104页	
3.2	预总01表	总预算汇总表	第二册第105页	
3.3	预总比01表	标准费用项目前后阶段对比表	第二册第106页	
3.4	预总02表	人工、材料、设备、机械的数量、单价汇总表	第二册第107页	
3.5	预00表	主要技术经济指标表	第二册第108～113页	
3.6	预01表	总预算表	第二册第114页	
3.7	预02表	人工、材料、设备、机械的数量、单价表	第二册第115页	
3.8	预03表	建筑安装工程费计算表	第二册第116页	
3.9	预04表	综合费率计算表	第二册第117页	
3.10	预04-1表	综合费计算表	第二册第118页	
3.11	预05表	设备费计算表	第二册第119页	
3.12	预06表	专项费用计算表	第二册第120页	
3.13	预07表	土地使用及拆迁补偿费计算表	第二册第121页	
3.14	预07-1表	土地使用费计算表	第二册第122页	
3.15	预08表	工程建设其他费计算表	第二册第123页	
4		乙组文件表格		
4.1	预21-1表	分项工程预算计算数据表	第二册第124页	
4.2	预21-2表	分项工程预算表	第二册第125页	
4.3	预22表	材料预算单价计算表	第二册第126页	
4.4	预23-1表	自采材料料场价格计算表	第二册第127页	
4.5	预23-2表	材料自办运输单位运费计算表	第二册第128页	
4.6	预24表	施工机械台班单价计算表	第二册第129页	
4.7	预25表	辅助生产人工、材料、施工机械台班单位数量表	第二册第130页	
5		辅助表格		
5.1	预辅01表	标段划分情况表	第二册第131页	
5.2	预辅02表	本阶段造价执行情况表	第二册第132页	
5.3	预辅03表	主要技术标准及工程规模统计表	第二册第133～136页	
5.4	预辅03-1表	桥梁工程规模统计表	第二册第137页	
5.5	预辅03-2表	隧道工程规模统计表	第二册第138页	
5.6	预辅03-3表	互通工程规模统计表	第二册第139页	
5.7	预辅04表	各阶段主要工程规模对比表	第二册第140～141页	

续上表

序号	表格编号	文件组成	页码	备注
6		审核文件		
6.1		封面、扉页、目录	第二册第142~144页	
6.2		审核意见	第二册第145~147页	
6.3	预审01表	对比分析情况汇总表	第二册第148页	
6.4	预审02表	总预算审核对比表	第二册第149页	
7		辅助资料	—	其他资料
8		电子文件	—	施工图预算数据链文件

7.3.7 施工图预算编制完成后，应与前一阶段造价（批复设计概算）进行对比分析，在编制说明中做简要描述。分析重点包括建设规模、主要设计方案、主要工程量的变化以及费用变化等内容。施工图预算较对应的批复概算有重（较）大变化或其他特殊情形的，应详细分析变化情况及原因，单独编制概、预算对比分析，随施工图预算文件一并上报审批（查）。

7.3.8 施工图预算编制单位应根据施工图审查的评审意见和修编后的施工图图表文件对施工图预算进行修编，并核查预算对初步设计审查意见、施工图评审意见的执行情况，落实一致后方可送审。

7.3.9 施工图预算的审批程序如下：

1 施工图预算文件应按基本建设程序分级管理要求，与设计图纸文件同步进行设计评审，经修编定稿后报送交通运输主管部门进行设计审批（查）。

2 交通运输工程造价管理机构根据交通运输主管部门的工作计划要求，出具施工图预算审查意见报交通运输主管部门。

3 交通运输主管部门依据行业有关规定对项目施工图设计进行审查，出具设计批复（审查）意见。

4 企业投资交通建设项目的施工图预算审批程序执行《广东省交通运输厅关于调整企业投资交通建设项目设计审批方式的通知》（粤交基〔2020〕294号）的有关规定。

7.3.10 交通运输工程造价管理机构在开展施工图预算文件审查时，在送审资料齐全、预算编制符合标准要求的条件下，对一般项目宜在10~15个工作日内提出审查意见，对高速公路等技术复杂、工程规模大、标段多的项目宜在10~25个工作日内提出审查意见。

7.4 造价管理重点工作

7.4.1 建设单位应结合项目控制目标合理划分勘察设计标段，在招标文件和合同条款中明确设计责任，提出科学计价、合理造价的具体要求。当项目划分为多段进行设计时，应统筹各设计单位厘清界面、统一造价计价标准。

7.4.2 建设单位应与设计单位加强对接，及时组织设计单位落实和执行有关管理部门对项目技术标准、建设规模和工程方案的意见，重点关注对造价影响较大的设计方案的合理性；应督促设计单位对造价影响较大的、超出常规计价标准的临时工程、施工安全管制、线外工程、改扩建项目交通组织管理及旧路构筑物利用等单项工程，开展专项造价合理性论证。建设单位应为设计单位准确确定征地拆迁规模和合理确定费用提供必要的工作条件。

7.4.3 设计单位的设计与造价专业应加强互动，实现技术与经济的有机结合，开展设计方案多方案比选，确保工程方案、工程数量、工程造价相互匹配，提供的设计工程数量应满足定额套用和准确计价的需求。

7.4.4 设计概算和施工图预算由多家单位共同承担或分段编制时，建设单位应督促总体协调单位统一造价文件编制原则、设备与材料价格、取费标准、计价模板，检查各段造价指标的合理性、均衡性；总体协调单位应及时将问题反馈给有关编制单位并督促修改，同时告知建设单位。

7.4.5 设计单位应确保设计概（预）算与设计图表同步编制、动态修正，建设单位应在设计单位提交完整的设计文件（含造价文件）后，方可向其上级管理部门和交通运输主管部门提出设计评审申请。

7.4.6 建设单位或其上级管理部门应加强设计评审的组织管理，在进行设计评审时应同时对造价文件进行评审，宜配备造价、经济类的专家参与设计评审。

7.4.7 概（预）算文件的编制应按国家、行业、地方现行的有关法律法规、计价规定进行，编制格式应符合本指南的有关规定，应做好以下工作：

1 在编制前应收集项目资料，了解项目概况，制订工作计划，熟悉项目批复文件、设计文件、施工方案等资料，进行必要的项目实地调查等准备工作。

2 加强与设计各专业人员沟通，充分了解设计意图，熟悉图纸，从设计图表中准确提取计价工程量；当发现工程量有差、错、漏、重时，应及时向设计人员反馈，待设计修正后再编制造价文件。

3 按要求做好与前序阶段工程可行性研究投资估算、初步设计概算的对比分析，编制公路工程建设项目造价对比分析表，分析造价变化原因。从技术标准、建设规模、工程方案（静态因素）、政策、人工与材料单价、征地、利息（动态因素）等方面进行分析，在造价文件编制说明中阐述主要结论。

4 编制造价文件时，当发现本阶段造价费用超出上一阶段批复（核准）造价费用的允许幅度范围时，应分析原因，及时反馈设计负责人共同研究、核查调整，必要时由设计负责人组织设计人员进一步优化设计，合理降低工程造价。

7.4.8 概（预）算初稿编制完成后，设计单位内部应实行自检与复核，与同类工程技术经济指标进行对比，保证数据的准确性以及费用的完整性、合理性。自检和复核的内容应包括：

1 编制报告的完整性，编制格式的规范性。
2 编制依据的时效性、完整性、适用性、合理性。
3 定额和计价依据选择的符合性。
4 计价工程数量摘取的正确性。
5 定额的套用和调整，费率标准，人工、材料设备、机械单价，征地拆迁费用标准，其他费用取费基数及费率取定的准确性。
6 技术经济指标的合理性。
7 附件资料的完整性。

7.4.9 设计单位提交正式的初步设计概算或施工图预算文件后，建设单位在报送审批（查）前应组织全面审核。审核内容主要有：

1 工程设计文件审核主要内容包括但不限于：设计文件版本规范性，设计内容完整性，与现行标准及规范的符合性，主要工程方案与工程数量的匹配性，技术标准、建设规模、工程方案对上一阶段批复（审查）文件、交通运输主管部门意见的落实执行情况，建设规模对比分析情况等。
2 造价文件审核主要内容包括：
1）编制依据的时效性、完整性、适用性和合理性。
2）造价文件是否符合有关编制办法、概（预）算定额及有关补充规定，编制格式是否规范。
3）基础资料是否齐全，材料单价、费率、定额取值及套用是否合理。
4）施工图预算主要指标是否处于合理范围。
5）主体设计中的工程数量与预算中采用的工程数量是否一致。
6）造价编制考虑的施工组织方案的经济合理性。
7）路基、路面、桥梁涵洞、隧道、交叉、交通、其他工程等的具体建筑安装工程费中，预算编制是否有误，是否存在漏计或重复情况。

8）土地使用及拆迁补偿费、工程建设其他费、预备费、建设期贷款利息等是否合理。

9）设计概算同批复的估算、施工预算与批复概算的变化原因分析是否合理。

8 招投标阶段造价管理

8.1 一般规定

8.1.1 国家和省管重点公路工程项目的建设单位应按有关规定,将招标文件(含招标工程量清单)报省交通运输主管部门备案,同时将施工招标工程量清单预算文件报省交通运输工程造价管理机构核备。 其他公路工程项目应按相应管理权限报交通运输主管部门备案、交通运输工程造价管理机构核备。

8.1.2 招投标阶段的造价管理工作主要是拟定招标文件、合同条款中与造价控制有关的条文,编制、审核和审定招标工程量清单、工程量清单预算、合同工程量清单等造价文件,办理清单预算、合同清单备案等。

8.1.3 招投标阶段的造价文件编制范围应与标段划分一致,建设单位应尽量选择有利于工期合理、质量可控和造价节约的标段划分方式。

8.1.4 招标阶段的造价文件按费用属性可分为建筑安装工程类、土地使用及拆迁补偿类和工程建设其他费用类。建筑安装工程类一般按土建工程、路面工程、机电工程、交通安全设施工程、绿化工程、房建工程划分,工程建设其他费用类一般按勘察设计、监理、试验检测、咨询等划分。

8.1.5 招投标阶段建筑安装工程类造价文件一般应以施工图设计为依据编制;以初步设计为依据进行发包的公路工程建设项目,采用的费用项目应按本指南附录 B 的造价管理标准费用项目执行,其他内容可参照执行。土地使用及拆迁补偿类、工程建设其他费用类的造价文件编制，可结合项目建设管理需要自行确定费用项目，宜采用清单方式编制。

8.1.6 建设单位承担招投标阶段造价管理的主体责任，负责组织招标文件和合同条款中有关条文的拟定，招标工程量清单、招标清单预算、合同工程量清单的编制、审核工作以及招标清单预算的报备、合同清单的备案工作。

8.1.7 当建设单位采用委托方式编制本阶段造价文件时，编制单位应当遵循客观、公正、诚实、守信的原则接受委托，为建设单位提供服务，采取有效措施确保招标文件与合同条款以及招标工程量清单、清单预算与合同工程量清单准确、完整和合理，造价文件全面、如实反映招标和合同要求，并符合国家、行业、地方政府有关法律、法规和标准的规定。

8.1.8 从事招投标阶段造价文件编制、审核的单位和人员应遵循行业行为准则，不得向除委托人外的第三方（投标人或其他有关单位和人员）提供与招投标阶段造价文件有关的信息或资料，确保编制、审核工作的公平、公正、独立。

8.1.9 招投标阶段的造价文件应按交通运输部现行《公路工程建设项目工程量清单计价规范》《公路工程标准施工招标文件》《公路工程标准施工监理招标文件》《公路工程标准勘察设计招标文件》等文件、广东省交通运输厅发布的有关招标文件范本及工程量清单编制的补充规定进行编制。

8.1.10 公路工程现行配套的定额标准或工程量清单计价规范未包含的专业工程，应按对应专业工程行业的计价规定编制建筑安装工程费，并按相应费用项目汇总计入公路工程造价文件。

8.1.11 招投标阶段的造价文件应分合同段编制，同一批次进行多个合同段招标的工程，其造价文件应统一编制原则和编制方法，并对各合同段的造价进行汇总，形成对应的汇总文件。

8.1.12 招标工程量清单、招标清单预算和合同工程量清单的造价文件由多家单位承担或分段编制时，建设单位应指定（或通过合同约定）总协调单位，总协调单位负责编制工作的总体规划和部署，统一编制原则、编制方法和造价水平，汇总造价数据和资料，对比分析前后阶段造价等综合性工作。

8.1.13 招标文件、合同条款、招标工程量清单、招标清单预算、合同工程量清单等造价文件报送备案前，建设单位及其上级管理部门应对其进行审核，提出审核意见并对造价文件作出质量评价。

8.1.14 招（投）标文件所涉及造价活动事项应符合以下规定：

1 设有标底或者最高投标限价的，标底或者最高投标限价应当根据造价依据并结合公路建设市场竞争性需求进行编制，一般不得超出经批准的设计概算或者施工图预算对应部分。

2 建设单位应当进行标底或者最高投标限价与设计概算或者施工图预算的对比分析，合理控制建设项目工程造价。

3 投标报价由投标人根据市场及企业经营情况编制，不得以低于企业成本的价格恶意投标。

8.2 招标文件及合同中造价管理条款

8.2.1 招标文件及合同中，有关造价确定与控制的条款应文字规范、内容完整、逻辑清晰、表达准确，符合国家法律法规和行业有关标准规范的规定。

8.2.2 招标文件中的工程量清单应与配套的技术规范、工程量清单计量计价规则一致或匹配。

8.2.3 建设单位应在合同中对下列涉及造价管理的事项进行约定：

1 合同任务、各方权利和义务、合同工期、合同价款、合同生效期等。
2 预付工程价款的比例或金额、支付时间、扣回方式和时限。
3 进度款计量、计价、支付的依据、程序、方法、比例和时限等。
4 工程质量保证金、保函或担保的金额、扣留方式和时限。
5 工程担保、工程保险的方式、种类、提供时间、相关费用责任和退回时间。
6 合同价格风险分担的内容、范围（幅度）以及超出时的调整办法。
7 合同价格调整的因素、方法、程序和价款支付的方式和时限。
8 工程变更、加速施工、工期拖延的确认流程、费用计算方法与价款支付或扣减的方式和时限。
9 不可抗力事件约定、费用承担说明和计算方法。
10 违约责任和发生合同价款争议的解决方法及时间。
11 合同结算计量、计价、支付的依据、程序、时限等。
12 与履行合同、支付价款有关的其他事项。

8.2.4 省管公路建设项目应按有关规定，将招标文件报省级交通运输主管部门备案，施工招标工程量清单和清单预算文件同时报省交通运输工程造价管理机构核备。

8.3 招标工程量清单

8.3.1 公路工程施工招标工程量清单文件应由工程量清单、项目清单和分项工程量清单组成，征地拆迁、监理和勘察设计等服务类招标工程量清单文件可只由项目清单和工程量清单组成。

8.3.2 一级及以上公路项目应编制招标工程量清单文件的所有内容，具体见本指南第二册；一级以下公路项目可仅编制招标工程量清单文件的封面、扉页、目录、编制说明和甲组文件表格。

8.3.3 施工招标工程量清单文件应按以下要求进行编制：
1 工程量清单应以合同段为单位编制。
2 工程量清单应完整、准确、直观地反映各合同段的项目工程量、设计工程量和措施项目等内容。项目清单、分项工程量清单的工程数量应填写完整，并与工程量清单数据保持一致。
3 工程量清单的编制范围和编制内容应与招标文件规定的承发包范围和管理要求一致。
4 工程量清单子目名称、计量单位、工程量等要素内容应与招标文件技术规范和工程量清单计量规则保持一致。
5 各合同段工程量清单中相同造价管理标准费用项目的编码、名称在符合附录 B 的规定的基础上，在整个建设项目内进行统筹设置；相同工程量清单的编码、名称、计量单位、计算规则应统一。

8.3.4 房建工程的招标工程量清单应完整、准确、直观地反映各合同段的清单工程数量、设计工程量、措施项目等内容。管理、养护服务房建场区的大规模场地平整土石方、排水防护（如砌体挡土墙、排水沟等结构物圬工砌筑工程量大于 500m³）、场地清理等工程项目，以及附属区建设所进行的大规模路面（主要为服务区、停车区、管理中心、集中住宿区面积大于 2000m² 的路面），清单子目应依照公路工程量清单标准库套用子目，其计量按公路工程清单计量规则执行。零星的场地清理（如为房建工程实施±30cm 场地清理等）、户外工程、房屋建筑工程、收费天棚等的招标工程量清单应参照公路工程清单编制规则，结合住房和城乡建设主管部门发布的房屋、市政等专业的工程量清单编制规则进行编制。

8.3.5 编制工程量清单文件时，应按表 8.3.5 建立造价管理标准费用项目与工程量清单子目之间的对应层级关系。

造价管理标准费用项目与工程量清单子目内容对比表　　表8.3.5

工程或费用编码	工程或费用名称	工程量清单子目		
		工程量清单章节	清单子目号	清单子目名称
1	第一部分　建筑安装工程费			
101	临时工程	主要对应100章	103-1-1	临时道路修建、养护与拆除
			103-1-2	临时便桥修建、养护与拆除（包括原桥梁的养护费）
			103-3-1	设施架设、拆除
			……	……
102	路基工程	主要对应200章	202-1-1	清理现场
			……	……
			208-4-1-2	拱形骨架护坡
103	路面工程	主要对应300章	302-1	垫层
			……	……
			314-6	路肩、中央分隔带排水沟
104	桥梁涵洞工程	主要对应400章和200章局部内容	207-6	涵洞上下游改沟、改渠铺砌
			404-1	干处挖土方
			410-4-1-1	实心板安装
			……	……
105	隧道工程	主要对应500章	502-1	洞口、明洞开挖
			502-8	洞门装饰
			511-1	斜井、竖井
			……	……
106	交叉工程	主要对应200章、300章、400章等章节	202~215	场地清理~河道防护
			302~317	垫层~旧路面利用
			401~423	通则~桥梁加固
107	交通工程及沿线设施	主要对应600章、800章、900章内容	602~606	护栏~防眩设施
			802~810	收费系统~备品备件及专用工具、测试设备
			901~903	房屋建筑安装工程~收费岛
			……	……
108	绿化及环境保护工程	主要对应700章内容	702~706	铺设表土~声屏障
109	其他工程	主要对应200~800章内容	202~215	场地清理~河道防护
			302~317	垫层~旧路面利用
			401~423	通则~桥梁加固
			502~511	洞口与明洞工程~辅助坑道

续上表

工程或费用编码	工程或费用名称	工程量清单子目		
		工程量清单章节	清单子目号	清单子目名称
109	其他工程	主要对应200~800章内容	602~606	护栏~防眩设施
			702~706	铺设表土~声屏障
			802~810	收费系统~备品备件及专用工具、测试设备
110	专项费用	主要对应100章	104-1	承包人驻地建设
			102-3	安全生产费
111	实施阶段发生的其他费用项目	无		
2	第二部分 土地使用及拆迁补偿费			
201	土地使用费	100章 临时用地	103-2	临时用地
202	拆迁补偿费	无		
203	其他补偿费	无		
3	第三部分 工程建设其他费			
301	建设项目管理费	100章 工程管理软件	102-4	工程管理软件（暂估价）
302	研究试验费	无		
303	建设项目前期工作费	无		
304	专项评价（估）费	无		
305	联合试运转费	无		
306	生产准备费	无		
307	工程保通管理费	100章 交通管制经费	102-5	交通管制经费
308	工程保险费	100章 保险费	101-1	保险费
309	其他相关费用	主要对应计日工、索赔、材料价差等		
4	第四部分 预备费			
401	基本预备费	暂列金额		
402	价差预备费			
5	第一~第四部分合计	清单100~900章合计		
6	第五部分 建设期贷款利息	无		
7	公路基本造价	招（投）标总价		

8.3.6 招标工程量清单文件应依据以下内容进行编制：

1 国家、行业、地方政府发布的有关法律、法规、规章及强制性标准等。

2 项目招标文件及其补遗文件，行业主管部门备案意见等。

3 招标项目的初步设计、施工图设计等的批复文件。

4 经审查修编后的施工图，主要包括设计工程数量表等。

5 合理的施工组织设计和施工方案。

6 项目所在地区气候、水文、地质、地貌等自然条件资料。

7 项目的技术复杂程度，新技术、新材料、新设备、专利使用情况等。

8 项目所在地的经济、人文等社会条件资料。

9 其他应列入的主要依据。

8.3.7 招标工程量清单文件包括封面、扉页、目录、编制说明、甲组文件表格、乙组文件表格、辅助表格、辅助资料和相应的电子文件等，应符合以下要求：

1 封面、扉页、目录、甲组文件表格、乙组文件表格、辅助表格的组成和标准样式见本指南第二册。

2 编制说明应包括招标范围、工程建设规模、工程量清单编制的依据、工程量来源、主要计量支付规则，以及其他与造价有关的需要说明的事项等。

3 辅助表格包括标段划分情况和本次招标情况。

4 辅助资料。

5 招标工程量清单文件的成果交付应符合本指南第 3.6 节、第 3.7 节、第 4.1.5 条和附录 A 的有关规定。成果文件应包括电子文件，其中编制说明及报表类文件应为可编辑的通用电子文件，主要依据性资料和辅助资料（设计说明、设计图表、批复文件、招标文件等）可为 pdf 格式文件。

8.3.8 建筑安装工程的招标工程量清单文件的组成见表 8.3.8。

招标工程量清单文件的组成　　　　　　表 8.3.8

序号	表格编号	文件组成	页码	备注
1		封面、扉页、目录	第二册第 151~153 页	
2		编制说明	—	
3		甲组文件表格		
3.1		工程量清单说明	第二册第 154~155 页	
3.2	招清单 1 表	项目清单	第二册第 156 页	根据粤交基〔2010〕355 号有关内容，结合项目需要编写
3.3	招清单 2 表	工程量清单-总表	第二册第 157 页	
3.4	招清单 2-1 表	工程量清单-一级子目清单表	第二册第 158 页	
3.5	招清单 2-2 表	计日工表	第二册第 159 页	

续上表

序号	表格编号	文件组成	页 码	备 注
3.6	招清单2-3表	暂估价表	第二册第160页	
4		乙组文件表格		
4.1	招清单3表	分项清单	第二册第161页	
4.2	招清单2-1-1表（房）	工程量清单（公路房建工程适用）	第二册第162页	仅适用于房建工程
5		辅助表格		
5.1	招辅1表	标段划分情况表	第二册第163页	
6		辅助资料	—	其他资料
7		电子文件	—	工程量清单数据链文件

8.3.9 监理（含监理、检测）招标工程量清单应完整、准确、直观、简洁地反映监理各合同段的服务内容、服务周期等内容。招标工程量清单格式可参照现行《公路工程标准施工监理招标文件》及省交通运输厅有关规定。

8.3.10 勘察设计招标工程量清单应完整、准确、直观、简洁地反映勘察设计各合同段的服务内容、服务周期等内容。招标工程量清单格式可参照现行《公路工程标准勘察设计招标文件》及省交通运输厅有关规定。

8.3.11 公路建设项目依法需招标采购的其他工程或服务，其招标工程量清单应完整、准确、直观地反映对应合同段的主要内容，满足项目建设造价管控的需要，降低合同风险。

8.3.12 依法必须进行招标的工程，其招标工程量清单文件是招标文件的主要组成部分，应按有关规定报送备案。

8.4 招标清单预算

8.4.1 本节规定主要适用于施工招标的招标清单预算造价管理。招标清单预算文件的编制工作应在招标工程量清单文件基础上开展，依据施工图设计文件，综合考虑项目所在地的人工、材料、机械等要素的市场价格水平，施工现场实际情况，拟建项目合理的施工组织设计等因素，科学合理确定清单预算费用，达到造价可控、标底或最高投标限价确定的目的，确保满足项目招标工作要求。

8.4.2 招标清单预算编制应符合以下规定：

1 招标清单预算架构原则上应按招标工程量清单文件中的项目清单建立。

2 清单预算、工程量清单、施工图设计图纸的工程数量之间应保持一致。

3 清单预算应与招标文件、技术规范、工程量计价规则相匹配。

4 清单预算的计价应符合国家和广东省现行编制办法、定额、指标、计费标准、标准化文件、工程量清单及计量规则等的规定；公路工程计价规定中未包含的其他专业工程，可参照有关行业的专业计价办法。

5 同一工程类别分批次在不同时间招标时，不同批次之间的招标清单预算水平应基本一致，并确保招标清单预算技术经济指标的均衡性和匹配性。

6 分阶段分批次的招标清单预算应以当次招标范围对应的批复概算或预算作为控制目标，并进行对比分析；项目累计已完成招标的清单预算，应以对应已批复的概算或预算作为控制目标，并进行对比分析。

7 整个项目招标完成后，应汇总各阶段清单预算，与批复设计概算和施工图预算进行整体对比分析，确保造价可控。原则上，招标清单预算不得超出经批准的设计概算或者施工图预算对应部分。

8.4.3 编制公路房建工程的招标清单预算文件时，管理、养护服务房建场区的大规模场地平整土石方、排水防护（如砌体挡土墙、排水沟等结构物圬工砌筑工程量大于 $500m^3$）、场地清理等工程项目，以及附属区建设所进行的大规模路面（主要为服务区、停车区、管理中心、集中住宿区面积大于 $2000m^2$ 的路面），清单预算应按公路工程清单预算编制要求进行编制。零星的场地清理（如为房建工程实施 ±30cm 场地清理等）、户外工程、房屋建筑工程、收费天棚等的清单预算可参照住房和城乡建设部门颁布的建筑、安装、市政等专业的计价办法和定额标准进行编制。

8.4.4 招标清单预算的编制依据应包括以下内容：

1 国家、行业、地方政府发布的有关法律、法规、规章及强制性标准等。

2 国家、行业、地方政府发布的计价规定，包括编制办法、定额、指标、计费标准、标准化文件等内容。

3 项目招标文件及其补遗文件，行业主管部门备案意见等。

4 招标项目的初步设计、施工图设计等批复文件。

5 经审查修编的施工图设计文件，主要包括设计工程数量表等。

6 根据审查修编后施工图编制完成的招标工程量清单文件。

7 合理的施工组织设计和施工方案。

8 项目有关设备、材料等调查报告或采购意向、协议和合同等。

9 项目所在地区的气候、水文、地质、地貌等自然条件资料，经济、人文等社会条件资料。

10 项目的技术复杂程度，以及新技术、新材料、新设备、专利使用情况及成本分析等。

11 其他有关资料。

8.4.5 <u>招标清单预算文件包括封面、扉页、目录、编制说明、甲组文件表格、乙组文件表格、辅助表格、审核文件、辅助资料和相应的电子文件</u>，应符合以下规定：

1 封面、扉页、目录、甲组文件表格、乙组文件表格、辅助表格、审核文件的组成和标准样式见本指南第二册。

2 编制说明应包括以下内容：

1）项目概况。

2）编制范围。按招标文件约定招标范围。

3）编制依据。包括施工图设计文件，招标文件及其补遗文件，行业主管部门备案意见等有关文件，与造价确定有关的委托书、协议书、会议纪要，所采用的定额、费用标准等计价依据，人工、材料、机械台班单价等价格依据，以及其他依据性的资料等。

4）编制原则。包括工程量计算，定额、费用标准，人工、材料、机械台班单价的取定原则，主要定额调整及"四新"工程计价依据等。

5）编制结果。包括清单预算总金额，人工、钢材、水泥、沥青、砂石、地材等主要资源的总消耗量情况。

6）与初步设计批复概算和施工图预算的主要技术经济指标、主要工程量等的对比情况。

7）采用的造价软件名称及版本号。

8）其他需要说明的事项。

3 辅助表格应包括标段划分情况、本阶段造价执行情况、标段划分与批复概算对应关系、主要技术标准及工程规模等信息。

4 审核文件包括建设单位对招标清单预算的审核意见和编审对比报表。审核意见主要包括对招标工程基本情况的描述、审核依据、编制情况的总体评价、对清单工程量的复核情况、对造价费用的复核情况等。

5 辅助资料，指除编制说明中提及的编制依据、计价规定外，与项目构成有关但未能在说明、表格中反映的计价资料，包括但不限于：地材、特殊材料和设备调查资料，临时工程、预制场地等调查资料，造价计算应说明的其他资料（如措施费计算依据）。

6 招标清单预算文件的成果交付应符合本指南第3.6节、第3.7节、第4.1.5条和附录A的有关规定。成果文件应包括电子文件，其中编制说明及报表类文件应为可编辑的通用电子文件，主要依据性资料和辅助资料（设计说明、设计图表、批文、招标文件等）可为pdf格式文件。

8.4.6 公路工程招标清单预算文件的组成见表8.4.6-1，公路房建工程招标清单预算文件的组成见表8.4.6-2。

公路工程招标清单预算文件的组成

表 8.4.6-1

序号	表格编号	文件组成	页码	备注
1		封面、扉页、目录	第二册第 165~167 页	
2		编制说明	—	
3		甲组文件表格		
3.1	招预总 1 表	主要技术经济指标汇总表	第二册第 168~172 页	
3.2	招预总 2 表	标准费用项目前后阶段对比表	第二册第 173 页	
3.3	招预总 3 表	项目清单预算汇总表	第二册第 174 页	
3.4	招预总 3-1 表	工程量清单预算汇总表-总表	第二册第 175 页	
3.5	招预总 3-2 表	工程量清单预算汇总表-一级子目清单表	第二册第 176 页	
3.6	招预总 4 表	人工、材料、设备、机械的数量、单价汇总表	第二册第 177 页	
3.7	招预 3-1 表	项目清单预算表	第二册第 178 页	
3.8	招预 3-2 表	工程量清单预算表-总表	第二册第 179 页	
3.9	招预 3-3 表	工程量清单预算表-一级子目清单表	第二册第 180 页	
3.10	招预 3-4 表	计日工表	第二册第 181 页	
3.11	招预 3-5 表	暂估价表	第二册第 182 页	
3.12	招预 4 表	人工、材料、设备、机械的数量、单价表	第二册第 183 页	
3.13	招预 5 表	建筑安装工程费计算表	第二册第 184 页	
3.14	招预 6 表	综合费率计算表	第二册第 185 页	
3.15	招预 6-1 表	综合费计算表	第二册第 186 页	
3.16	招预 7 表	设备费计算表	第二册第 187 页	
3.17	招预 8 表	专项费用计算表	第二册第 188 页	
3.18	招预 9 表	土地使用及拆迁补偿费计算表	第二册第 189 页	
3.19	招预 9-1 表	土地使用费计算表	第二册第 190 页	
3.20	招预 10 表	工程建设其他费计算表	第二册第 191 页	
4		乙组文件表格		
4.1	招预 21-1 表	分项工程预算计算数据表	第二册第 192 页	
4.2	招预 21-2 表	分项工程预算表	第二册第 193 页	
4.3	招预 22 表	材料预算单价计算表	第二册第 194 页	
4.4	招预 23-1 表	自采材料料场价格计算表	第二册第 195 页	
4.5	招预 23-2 表	材料自办运输单位运费计算表	第二册第 196 页	
4.6	招预 24 表	施工机械台班单价计算表	第二册第 197 页	
4.7	招预 25 表	辅助生产人工、材料、施工机械台班单位数量表	第二册第 198 页	
5		辅助表格		
5.1	招辅 1 表	标段划分情况表	第二册第 199 页	

续上表

序号	表格编号	文件组成	页码	备注
5.2	招辅 2 表	本阶段造价执行情况表	第二册第 200 页	
5.3	招辅 2-1 表	标段划分与批复概算对应关系表	第二册第 201 页	
5.4	招辅 3 表	主要技术标准及工程规模统计表	第二册第 202~205 页	
6		审核文件		
6.1		封面、扉页、目录	第二册第 206~208 页	
6.2		审核意见	第二册第 209~212 页	
6.3	招预审 1 表	对比分析情况汇总表	第二册第 213 页	
6.4	招预审 2 表	项目清单预算审核对比表	第二册第 214 页	
6.5	招预审 2-1 表	工程量清单审核对比表	第二册第 215 页	
7		辅助资料	—	其他资料
8		电子文件	—	招标清单预算数据链文件

公路房建工程招标清单预算文件的组成　　表 8.4.6-2

序号	表格编号	文件组成	页码	备注
1		封面、扉页、目录	第二册第 217~219 页	
2		编制说明	第二册第 220 页	
3		甲组文件表格		
3.1	招预总 2 表	标准费用项目前后阶段对比表	第二册第 221 页	
3.2	招预总 3 表	项目清单预算汇总表	第二册第 222 页	
3.3	招预总 4 表（房）	人工、材料、设备、机械的数量、单价汇总表	第二册第 223~224 页	
3.4	招预 3-1 表	项目清单预算表	第二册第 225 页	
3.5	招预 3-2 表	工程量清单预算表-总表	第二册第 226 页	
3.6	招预 3-3 表（房）	工程量清单预算表（公路房建工程运用）	第二册第 227 页	
3.7	招预 4 表（房）	人工、材料、设备、机械的数量、单价表	第二册第 228~229 页	
4		乙组文件表格		
4.1	招预 5-1 表（房）	公路房建工程工程量清单与计价表	第二册第 230 页	
4.2	招预 5-2 表（房）	公路房建工程综合单价分析表	第二册第 231 页	
5		辅助表格		
5.1	招辅 1 表	标段划分情况表	第二册第 232 页	
5.2	招辅 2 表	本阶段造价执行情况表	第二册第 233 页	
5.3	招辅 2-2 表	标段划分与批复概算对应关系表	第二册第 234 页	
5.4	招辅 3 表（房）	房建工程规模统计表	第二册第 235 页	
6		审核文件		
6.1		封面、扉页、目录	第二册第 236~238 页	

续上表

序号	表格编号	文件组成	页码	备注
6.2		审核意见	第二册第 239～242 页	
6.3	招预审 1 表	对比分析情况汇总表	第二册第 243 页	
6.4	招预审 2 表	项目清单预算审核对比表	第二册第 244 页	
6.5	招预审 2-1 表（房）	主要材料设备对比表	第二册第 245 页	
7		**辅助资料**	—	其他资料
8		**电子文件**	—	招标清单预算数据链文件

8.4.7 招标清单预算应按有关规定报送备案。施工招标清单预算管理应执行《广东省交通运输厅关于印发〈广东省公路工程施工招标清单预算管理规程〉的通知》（粤交基〔2013〕899 号）的规定，实行"清单预算编制、建设单位报备、行业部门核备"的管理程序，招标清单预算备案工作具体由负责招标文件备案的交通运输主管部门的同级造价管理机构负责。

8.4.8 负责备案的造价管理机构应按规定对施工招标的工程量清单预算进行备案，形成备案意见。经造价管理机构确认的清单预算应作为确定标底或最高投标限价的依据之一。

8.4.9 招标清单预算的备案管理主要包括以下内容：
1 清单预算是否符合国家、行业、地方政府现行有关法律、法规等的规定。
2 清单预算范围是否与招标工程一致，抽查的工程量是否与设计文件一致，计价是否符合规定，总价是否控制在已批准的相应概算或预算范围以内。
3 清单预算综合造价指标是否合理。
4 清单预算文件的编制和审核是否符合规定程序和要求。

8.5 合同工程量清单

8.5.1 在合同签订阶段，建设单位应按照粤交基〔2010〕355 号文和本指南的要求，完善工程量清单、项目清单、分项清单三级合同清单文件体系，并予以确认。合同分项清单的工程量数据是计量支付、工程变更、过程结算及编制竣工图的基础数据。

8.5.2 合同工程量清单文件包括封面、扉页、目录、编制说明、甲组文件表格、乙组文件表格、辅助资料和电子文件。

8.5.3 一级及以上公路项目应编制合同工程量清单文件的所有内容，具体见本指南第三册；一级以下公路项目可仅编制合同工程量清单文件的封面、扉页、目录、编制说明和甲组文件表格。

8.5.4 合同工程量清单文件中的造价管理标准费用项目名称及其编码以及清单子目名称及其编码应与招标人发布的招标工程量清单文件内容一致。合同工程量清单文件中的清单子目单价应为发、承包双方合同谈判后确定的合同单价。

8.5.5 公路工程、房建工程、土地使用及拆迁补偿等合同清单文件样式见本指南第三册。合同工程量清单电子文件应符合本指南第3.7条、附录A的有关规定。合同工程量清单文件的组成见表8.5.5。

合同工程量清单文件的组成　　　　　　表8.5.5

序号	表格编号	文件组成	页　码	备　注
1		封面、扉页、目录	第三册第2~4页	
2		编制说明	—	
3		甲组文件表格（建筑安装工程）		
3.1		工程量清单说明	第三册第5~6页	
3.2	合同清单1表	项目清单	第三册第7页	
3.3	合同清单2表	工程量清单-总表	第三册第8页	
3.4	合同清单2-1表	工程量清单-一级子目清单表	第三册第9页	
3.5	合同清单2-1-1表（房）	工程量清单（公路房建工程适用）	第三册第10~11页	
3.6	合同清单2-2表	计日工表	第三册第12页	
3.7	合同清单2-3表	暂估价表	第三册第13页	
4		甲组文件表格（土地使用及拆迁补偿）		
4.1	合同清单3表（征拆）	土地使用及拆迁补偿合同项目清单	第三册第14页	
5		乙组文件表格		
5.1	合同清单4表	分项清单	第三册第15页	
6		辅助资料	—	其他资料
7		电子文件	—	合同清单数据链文件

8.5.6 监理（含监理、检测）合同工程量清单应完整、准确、直观、简洁地反映监理各合同段的服务内容、服务周期等。合同工程量清单格式可参照交通运输部现行

《公路工程标准施工监理招标文件》及广东省交通运输厅的有关规定。

8.5.7 勘察设计合同工程量清单应完整、准确、直观、简洁地反映勘察设计各合同段的服务内容、服务周期等。合同工程量清单格式可参照交通运输部现行《公路工程标准勘察设计招标文件》及广东省交通运输厅的有关规定。

8.5.8 合同工程量清单文件的编制说明应包括以下内容：
1 合同的工程范围或主要工作内容等。
2 不平衡报价的调整以及合同工程量清单与投标工程量清单差异等情况。
3 合同谈判中需说明的其他事项。

8.6 造价管理重点工作

8.6.1 办理招标文件备案的项目，应根据有关规定将招标文件备案意见落实到造价编制中。

8.6.2 建设单位应结合前期工作准备、设计进展、征地拆迁、资金计划、通车目标等情况科学、合理地制订招标工作计划，确保勘察设计和前期工作的周期合理，并按基建程序要求，在招标过程中做好以下造价管理工作：
1 认真研究交通运输部、广东省交通运输厅关于招标文件和合同文件范本的使用规则，合理设置合同专用条款，降低造价管理风险。按照公平合理、风险共担的原则，合理设置同计量与支付、工程变更、工程量变化、物价波动、政策调整、暂停施工、加速施工、风险管理等有关的合同条款。不得随意添加、删减和修改范本中的强制性条款。
2 加强对公路建设市场的调查和分析，充分掌握市场行情和动态，合理确定标底或最高投标限价和下浮率。
3 对不利于项目选取优良建设队伍和优质建筑材料的评标办法，应尽量予以调整。
4 分析招标过程中影响造价控制的因素，重点关注投标报价低于成本价和不平衡报价的内容，积极采取有效措施降低造价风险。
5 招标完成后，及时与中标人确认中标工程的投标报价总价和各清单子目工程量、单价、合价。

8.6.3 招标清单预算是招标阶段合理确定和有效控制工程造价的重要依据。经批准的施工图设计文件是编制招标工程量清单、清单预算文件的基础，应确保设计文件、清单文件、预算文件三者工程数量的一致性。

8.6.4 建设单位应严格按交通运输部和广东省交通运输厅发布的造价管理有关规定和要求编制招标工程量清单和招标清单预算，在编制过程中应做好以下工作：

1 制订工作计划，熟悉招标文件、设计图纸和设计意图，了解招标项目特点，开展计价基础调查及信息收集。

2 依据设计文件，综合考虑项目所在地的人工、材料、机械等要素的市场价格水平，结合标段划分情况、施工现场实际、拟建项目合理的施工组织设计等因素，科学、合理地确定工程量清单预算，并确保招标清单预算文件的准确性、完整性和合理性。

3 在编制招标工程量清单和清单预算过程中，如果设计图纸工程数量或招标工程量清单数量发生变化（变化应符合相应规定）时，应组织设计单位及时提供变化后的设计文件，或及时反馈调整后的工程量清单，并督促编制单位调整相应预算工程数量，以确保设计文件、清单文件、预算文件中工程数量的一致性。

4 **应重视招标清单预算与批复概算或预算的对比工作。事先对批复概算或预算对应招标范围进行精细化准确拆分，宜一一对应，将招标清单预算与已批准的相应造价进行对比，分析超出（节余）造价的原因。** 采用施工图设计文件编制招标清单预算，原则上清单预算应控制在施工图预算范围内，招标清单预算应控制在已批复的初步设计概算对应范围以内。分阶段分批次进行招标，应依据当次招标范围对应的批复初步设计概算和施工图预算（如有）做控制和对比；整个项目招标完成后，应汇总各阶段招标清单预算，与相应初步设计概算和施工图预算（如有）进行整体对比分析。

5 **当招标清单预算超过已批复的初步设计概算时，应及时将情况向其上级管理部门和行业管理部门反映，进一步明确后续工作。**

8.6.5 如果采用委托方式编制招标清单预算文件，建设单位应组织受委托单位加强交流和沟通，达成共识，对有关部门提出的合理意见和建议及时消化吸收，经建设单位审核后进行招标清单预算报备。

8.6.6 **招标工程量清单和清单预算编制完成后，编制单位内部应进行自检，报备前建设单位应进行全面审核**，自检与审核的主要内容如下：

1 工程量清单文件编制格式符合性核查。核查造价管理标准费用项目设置、清单子目编码是否符合行业规范的规定，工程数量是否填写完整，清单子目与其下设计细目是否按计量支付规则建立统一对应关系，招标文件计量支付规则是否符合规定，新增清单子目是否配套完善的计量支付规则等。

2 编制范围核查。核查招标工程量清单和清单预算的编制范围同招标范围是否一致。

3 工程数量符合性核查。包括核查设计图纸与分项清单中工程数量的一致性，复核工程量清单、工程项目清单、设计工程量清单三者工程数量的一致性等。对核查出现的偏差，在与设计等有关单位沟通、确认后进行修正，并在审核预算中调整。

4 计价依据符合性核查。核查定额标准、计费依据采用情况，核查补充计价分析情况等。

5 辅助资料等其他资料的符合性核查。结合自身收集的资料，核查文件中地材调查、施工组织专项方案、措施费计算依据等辅助资料。

8.6.7 对核查出的问题，应及时修改完善，并在审核预算时调整，避免后续工作反复。审核环节应做好调整记录，对费率和单价、定额套用、定额调整、造价指标、临时工程与工程规模的吻合性、有关辅助措施费用、其他费用的取费基数和费率、各项费用的汇总等进行综合核查。审核中，应注意查找非正常或不合理的指标的原因，留存记录，以便对比分析；对不合理的内容，应进行调整并说明。应保持审核预算造价指标的均衡性和匹配性。

9 施工阶段造价管理

9.1 一般规定

9.1.1 建设单位在施工阶段应做好投资预控，规范工程计量与支付、工程变更、过程结算等环节的管理行为；负责组织项目造价信息的收集、分析和报送；对在本项目中从事造价活动的单位和人员开展质量评价和信用管理等工作。 监理、施工、咨询等参建单位应通过合同履约管理规范其造价管理行为。建设从业单位应接受相应交通运输主管部门依法开展的造价监督检查。

9.1.2 施工阶段的造价管理工作主要是合同计量与支付，工程变更中造价文件的编制、审核和上报，造价管理台账的编制和动态维护，合同过程结算编制和审核，对施工过程中合同条款涉及的价格变化的管理等。

9.1.3 施工阶段的造价文件主要包括计量与支付文件、工程变更造价文件、施工过程结算文件和造价管理台账。

9.1.4 建设单位对工程计量与支付、工程变更、过程结算和造价管理台账承担主体责任，负责组织各项造价文件编制、审核、上报和动态维护工作，并建立相应的考核评价制度，对参建单位的造价管理工作进行评价。

9.1.5 设计单位对设计变更的真实性、合理性、准确性负责，对设计文件（含预算）的编制质量负责。建设单位应将设计单位编制设计变更造价文件的情况纳入信用评价考核。

9.1.6 施工单位应按合同约定和项目管理制度的规定编制工程计量与支付、工程变更、过程结算等文件，配合建设单位编制造价管理台账，配合建设、监理、咨询等单位对其编制文件的审核工作。

9.1.7 监理单位应加强对工程计量与支付、工程变更、过程结算的审核，并对造价文件的质量进行评价，确保其依据充分、计量准确、价格合理。

9.1.8 涉及设计变更和除设计变更以外的合同价格调整、过程结算等行为，应按项目或上级管理部门有关管理规定办理。

9.2 计量与支付

9.2.1 计量与支付文件应按合同分期编制，应保持前、后期数据的连续性和逻辑关系。计量报表应如实反映实际完成工程量，支付报表应准确反映应支付金额。

9.2.2 除合同另有约定外，计量支付宜以月为计量周期。

9.2.3 建设单位应对项目各合同的计量与支付文件进行汇总，建立项目合同支付台账。

9.2.4 计量与支付文件的编制依据主要包括以下内容：
1　合同文件。
2　工程变更文件及有关资料。
3　合同价格调整的有关文件及资料。
4　反映当期完成的工程质量合格的证明性文件和资料。
5　其他有关资料。

9.2.5 计量与支付文件主要包括封面、扉页、目录、编制说明、甲组文件表格、辅助资料和电子文件，应符合以下规定：
1　封面、扉页、目录、甲组文件表格的组成和标准样式见本指南第三册。
2　编制说明应包括计量的主要工作内容及工程量，应支付和应扣款项情况以及其他需要说明的事项。
3　辅助资料。
4　计量与支付文件的成果交付应符合本指南第3.6节、第3.7节、第4.1.5条和附录A的有关规定。成果文件应包括电子文件，其中编制说明及报表类文件应为可编辑的通用电子文件，主要依据性资料和辅助资料可为pdf格式文件。

9.2.6 计量与支付文件的组成见表 9.2.6。

计量与支付文件的组成　　　　　　　表 9.2.6

序号	表格编号	文件组成	页 码	备 注
1		封面、扉页、目录	第三册第 17~19 页	
2		编制说明	—	
3		甲组文件表格		
3.1	计量 1 表	计量报表	第三册第 20 页	
3.2	计量 2 表	计日工计量表	第三册第 21 页	
3.3	支付 1 表	支付报表	第三册第 22 页	
3.4	支付 2 表	本期合同价款实际支付表	第三册第 23~24 页	
3.5	支付 3 表	计日工支付表	第三册第 25 页	
3.6	支付 4 表	物价波动引起的价格调整支付表	第三册第 26 页	
3.7	支付 5 表	预付款支付与扣回表	第三册第 27 页	
3.8	支付 6 表	其他款项支付与扣回表	第三册第 28 页	
4		辅助资料	—	其他资料
5		电子文件	—	计量支付数据链文件

9.3　工程变更

9.3.1　**工程变更分为设计变更和其他变更。** 设计变更是指自公路工程初步设计批准之日起至通过竣工验收正式交付使用之日止，对已批准的初步设计文件、技术设计文件或施工图设计文件所进行的修改、完善等活动。**其他变更指除设计变更外因合同约定发生变化等因素导致合同价格调整的变更。**

9.3.2　设计变更应按交通运输主管部门有关设计变更的管理办法以及建设单位的变更管理制度进行，应符合以下规定：

1　**设计变更分为重大设计变更、较大设计变更和一般设计变更。**

2　**重（较）大设计变更根据变更分类、分级，按建议确认和变更审批两个环节办理上报和审批，应符合《广东省交通运输厅关于加强公路工程设计变更管理工作的通知》（粤交基〔2021〕668 号）的规定。** 重（较）大设计变更以外的其他设计变更属于一般设计变更，由建设单位或其上级管理部门负责审批，具体流程按建设单位或其上级管理部门制订的变更管理规章制度执行。

3　设计变更建议经确认后，建设单位或其上级管理部门一般应在 1 个月内将设计变更文件按规定上报审批；技术复杂且需组织专家专题论证的设计变更，一般应在 2 个月内将设计变更文件按规定上报审批。

4　**除应急处治工程、动态设计或法律法规另有明确规定外，设计变更未经审批不**

得实施。未经批复的设计变更费用，不得纳入竣工决算。工程设计方案和范围均未发生变化，仅涉及设计工程数量调整的，由建设单位按照合同约定处理。

5 编制设计变更文件应符合《广东省公路工程重（较）大设计变更文件编制指南》（粤交基〔2017〕1072号）的有关规定，及本指南的相关更新内容。

9.3.3 其他变更应按建设单位和其上级管理部门的变更管理制度和合同约定进行管理，应符合以下规定：

1 其他变更主要包括物价波动、法律变化、工程量变化、加速施工、暂停施工、暂估价、计日工的合同价格调整等内容。

2 其他变更由建设单位或其上级管理部门负责审批，具体流程按建设单位或其上级管理部门制订的变更规章制度执行。

3 其他变更的申报原则上应在变更事件发生后的28日内完成；其中，工程量清单数量与招标图纸、施工图纸工程数量的差、错、漏引起的价格调整，原则上应在项目开工后3个月内完成编制，6个月内完成审核和审批。

4 其他变更应按合同约定的合同价格调整方式执行；合同未约定但省级以上交通运输主管部门发布相应调整规定的，合同双方需友好协商、完善合同条款、签订补充合同并执行。

5 其他变更的计价方法应符合合同约定；当合同未约定或约定不明时，可按合同单价计算法、预算法、实际费用测算法、同类工程类比法等定价方法合理确定应调整的合同价格。

9.3.4 工程变更费用文件分为设计变更费用文件、其他变更费用文件和工程变更费用汇总文件，其中设计变更费用文件是设计变更文件的组成部分，分为工程量清单形式和概预算形式。

9.3.5 变更费用文件（概预算形式）适用于应报送交通运输行业主管部门审批的单个设计变更，变更费用文件（工程量清单形式）适用于建设项目管理的单个变更，其他形式变更费用文件适用于物价变化和暂停施工引起的变更，工程变更费用汇总文件适用于对建设项目所有工程变更费用的汇总或单个合同段的工程变更费用的汇总。

9.3.6 建设单位应分别对各合同段的变更费用文件进行汇总，建立合同段变更台账表，并对项目全部的变更费用文件进行汇总，建立项目变更台账表。承包人应按建设单位要求建立本合同段的工程变更台账表，对本合同段的变更费用文件进行汇总，并及时根据变更申报和批复情况进行更新。

9.3.7 一级及以上公路项目应编制工程变更费用文件的所有内容，一级以下公路项目可仅编制工程变更费用文件中的封面、扉页、目录、编制说明和甲组文件表格。

9.3.8 采用工程量清单形式编制变更费用文件，应符合以下规定：

1 变更费用文件（工程量清单形式）原则上应按单个变更令进行编制；当变更工程内容近似或者属同一桩号范围时，可将多个变更令合并编制。变更费用文件应完整、准确、全面反映工程变更前后的工程数量、单价、费用变化情况。

2 变更费用文件（工程量清单形式）的编制依据主要包括以下内容：

1）合同文件。

2）有关指令、纪要和变更前后的设计变更图纸。

3）变更建议上报审批（备案）文件（如有）。

4）有关施工组织设计、现场施工方案、施工情况及现场确认资料。

5）紧急抢险工程，应含有关影像资料说明紧急抢险的情形。

6）与建设工程有关的标准、规范和技术资料。

7）有关设备、材料等的调查报告或采购意向、协议和合同等文件。

8）人工、材料、机械价格信息。

9）其他有关资料。

3 变更费用文件（工程量清单形式）主要包括封面、扉页、目录、编制说明、甲组文件表格、乙组文件表格、辅助资料和相应的电子文件，重（较）大设计变更还应包括各级管理部门的审核意见。

1）封面、扉页、目录、甲组文件表格、乙组文件表格的组成和标准样式见本指南第三册。

2）编制说明应包括以下内容：

（1）建设项目设计文件批复情况、设计变更的主要原因、有关的会议纪要等。

（2）采用的造价依据，人工、材料、设备、机械台班单价的依据或来源，其他费用标准或费用信息等。

（3）设计变更前、后的工程规模、技术标准、主要工程量及费用变化情况。

（4）其他与造价有关但不能在表格中反映的事项。

3）辅助资料：特殊材料询价资料，造价计算应说明的其他资料，如措施费计算依据等。

4）变更费用文件（工程量清单形式）应符合本指南第 3.7 节和附录 A 的有关规定。成果文件应包括电子文件，其中编制说明及报表类文件应为可编辑的通用电子文件，主要依据性资料和辅助资料（设计图纸、批复文件、合同、有关会议纪要等）可为 pdf 格式文件。

4 变更费用文件（工程量清单形式）的组成见表 9.3.8，标准样式见本指南第三册。

变更费用文件（工程量清单形式）的组成　　　　表 9.3.8

序号	表格编号	文件组成	页码	备注
1		封面、扉页、目录	第三册第 30～32 页	
2		编制说明	—	
3		甲组文件表格		
3.1	变更清单 1 表	变更项目清单	第三册第 33 页	

续上表

序号	表格编号	文件组成	页码	备注
3.2	变更清单2表	变更工程量清单-总表	第三册第34页	
3.3	变更清单2-1表	变更工程量清单-一级子目清单表	第三册第35页	
3.4	变更清单2-2表	变更新增清单子目单价表	第三册第36页	
4		乙组文件表格		
4.1	变更清单3表	变更分项清单	第三册第37页	
5		辅助资料	—	其他资料
6		电子文件	—	变更数据链文件

9.3.9 采用概预算形式编制变更费用文件，应符合以下规定：

1 变更费用文件（概预算形式）原则上应按单个变更令进行编制，当变更工程内容近似或者属同一桩号工程范围内的变更时，可以将多个变更令合并成单次编制。编制时应依据相应的设计图纸，按现行公路工程概预算编制办法，综合考虑施工现场实际情况、合理的施工组织设计科学合理地确定变更造价。

2 设计变更前后的界面应对应统一，变更费用文件的编制应坚持合法、全面和有效的原则，确保变更费用文件的准确性、完整性、合理性，并清晰、准确地反映变更前后的方案和费用变化。

3 概预算数量与图纸工程数量应保持一致；计价应符合国家、广东省现行有关公路工程计价的规定。计价规定包括编制办法、定额、指标、计费标准、标准化文件等内容。公路工程计价规定中未包含的其他专业工程，可参照有关专业的定额或计价办法。

4 概预算架构原则上按设计变更前批准（或备案）的概预算格式建立。施工图设计批准前办理设计方案调整的，概预算主要针对建筑安装工程费、土地使用及拆迁补偿费、建设期贷款利息部分进行；施工图设计批准后的重（较）大设计变更预算主要针对建筑安装工程费部分进行。

5 设计变更涉及多个标段的，各标段的变更前、变更后预算原则上应与设计变更前批准（或备案）的预算保持一致，并将预算汇总。由交通运输主管部门审批的重（较）大设计的变更费用文件，原则上应在图纸完成后2个月内完成设计变更概预算文件的编制、审核和上报工作。

6 变更费用文件（概预算形式）的编制依据主要包括以下内容：

1) 国家、地方政府发布的有关法律、法规或规定。

2) 行业、地方政府发布的计价规定，包括编制办法、定额、指标、计费标准、标准化文件等内容。

3) 变更前批准（或备案）的概预算等有关文件。

4) 项目的初步设计、技术设计（如有）、施工图设计等的批复、评审文件，变更建议上报审批（备案）文件（如有）。

5）建设单位对设计变更文件的审查意见等有关资料。

6）紧急抢险工程，须提供有关影像资料说明紧急抢险的情形。

7）经审查修改后的设计变更图纸，包括变更前、后图纸（含地质勘察报告等）。

8）合理的施工组织设计和施工方案。

9）与项目有关的设备、材料等调查报告或采购意向、协议和合同等文件。

10）项目所在地区的气候、水文、地质、地貌等自然条件资料。

11）项目的技术复杂程度，以及新技术、新材料、新设备、专利使用情况等资料。

12）项目所在地的经济、人文等社会条件资料。

13）其他应列入主要依据的资料。

7 变更费用文件（概预算形式）主要包括封面、扉页、目录、编制说明、甲组文件表格、乙组文件表格、审核文件、辅助资料和相应的电子文件。

1）封面、扉页、目录、甲组文件表格、乙组文件表格、审核文件的组成和标准样式见本指南第三册。

2）编制说明应包括以下内容：

（1）建设项目设计文件批复情况、设计变更的主要原因、有关的会议纪要等。

（2）采用的造价依据，人工、材料、设备、机械台班单价的依据或来源，其他费用标准或费用信息等。

（3）设计变更前后的工程规模、技术标准、主要工程量及费用变化情况。

（4）其他与造价有关但不能在表格中反映的事项。

3）审核文件主要包括审核意见和编审对比表格。审核意见主要包括对初步设计批复、施工图设计批复（或评审）、建设各方及施工时间、设计变更建议上报确认情况、会议纪要或专家咨询意见、设计图纸和预算的编制情况的描述；变更前、后设计方案和工程数量，变更、增减工程数量；设计变更概（预）算审核意见等。

4）辅助资料，包括特殊材料询价资料、造价计算应说明的其他资料（如措施费计算依据）。

5）变更费用文件（概预算形式）应符合本指南第 3.6 节、第 3.7 节、第 4.1.5 条和附录 A 的有关规定。成果文件应包括电子文件，其中编制说明及报表类文件应为可编辑的通用电子文件，主要依据性资料和辅助资料可为 pdf 格式文件。

8 变更费用文件（概预算形式）的组成见表 9.3.9。

变更费用文件（概预算形式）的组成　　　　表 9.3.9

序号	表格编号	文件组成	页　码	备　注
1		封面、扉页、目录	第三册第 38~40 页	
2		编制说明	—	
3		甲组文件表格		

续上表

序号	表格编号	文件组成	页　码	备　注
3.1	变更概（预）1表	变更费用对比表	第三册第41页	
3.2	变更概（预）2表	变更人工、材料、设备、机械的数量、单价对比表	第三册第42页	
4		乙组文件表格		
4.1	同本指南第二册设计概算文件或施工图预算文件	变更前概（预）算文件	—	
4.2	同本指南第二册设计概算文件或施工图预算文件	变更后概（预）算文件	—	
5		审核文件		
5.1		封面、扉页、目录	第三册第43~45页	
5.2		审核意见	第三册第46~48页	
5.3	变更概（预）审1表	设计变更概（预）算审核表	第三册第49~50页	
5.4	变更概（预）审2表	设计变更工程数量核查表	第三册第51页	
6		辅助资料	—	其他资料
7		电子文件	—	变更数据链文件

9.3.10 编制其他形式变更费用文件时，应符合以下规定：

1 其他变更费用文件的编制原则如下：

1）**其他变更费用文件应以单个合同段中的同一类别和同一批次事件为单位编制。**

2）**工程量清单数量与招标图纸、施工图纸工程数量的差错漏引起的价格调整应以单个合同段为单位，一份合同办理一份变更。**

3）物价波动引起的价格调整周期不宜超过一个季度，且不得小于计量周期。每个调整周期的价格调整计算过程应在价格调整支付表中体现，应标明计算公式各参数数值。

4）法律变化引起的价格调整按合同约定进行，周期应与计量周期一致。

5）加速施工费用的价格调整应以经监理和建设单位审批的加速施工方案为依据。

6）暂停施工费用的价格调整应根据停工时间长短和实际情况，合理确定可补偿的费用。

7）暂估价项目属于依法必须招标的，应以招标的方式确定价格；不属于依法必须招标的，应按合同约定的新增单价计价原则确定价格，并应以此为依据取代暂估价。

8）计日工应按承包人实际完成且经确认的工程量及合同单价调整合同价格。

2 其他变更费用文件应按以下要求进行编制：

1）工程量变化、加速施工、暂估价、计日工的价格调整文件应按变更费用文件（工程量清单形式）格式编制。

2）物价变化和暂停施工引起的其他变更费用文件应按本指南第三册的格式编制。

3）法律变化引起的合同价格调整文件格式由各项目根据费用计算特点自行确定。

3 其他变更费用的编制依据主要包括以下内容：

1）合同文件。

2）招标文件、投标文件和有关图纸。

3）法律变化的依据性文件。

4）实施性施工组织设计。

5）经审批的加速施工方案。

6）发生暂停施工事件的证明材料。

7）暂估价招标后签订的合同文件。

8）发生其他合同价格调整事件的现场签证资料及有关影像资料。

9）材料价差调整的消耗量和价格来源的依据性文件。

10）材料、设备暂估价定价的价格信息。

11）其他有关资料。

4 其他变更费用文件的组成包括封面、扉页、目录、编制说明、甲组文件表格、乙组文件表格、辅助资料及相应的电子文件，应符合以下规定：

1）封面、扉页、目录、甲组文件和乙组文件的标准样式见本指南第三册。

2）编制说明应包括工程概况、发生其他合同价格调整事件的原因和情况、调整的依据、调整的原则、调整结果和其他需要说明的事项。

3）辅助资料应包括其他变更发生的依据性文件、证明材料以及变更费用计算的依据性资料等。

4）其他变更费用文件应符合本指南第3.6节、第3.7节、第4.1.5条和附录A的有关规定。成果文件应包括电子文件，其中编制说明及报表类文件应为可编辑的通用电子文件，主要依据性资料和辅助资料可为pdf格式文件。

5 其他变更费用文件的组成见表9.3.10。

其他变更费用文件的组成　　　　　　　　　　表9.3.10

序号	表格编号	文件组成	页　码	备　注
1		封面、扉页、目录	第三册第52~54页	
2		编制说明	—	
3		甲组文件表格		

续上表

序号	表格编号	文件组成	页码	备注
3.1	价差 1 表	材料价差调整统计表（采用信息价格法或实际采购价格法时）	第三册第 55 页	
3.2	价差 2 表	材料价差调整统计表（采用价格指数法时）	第三册第 56 页	
3.3	停工清单 1 表	暂停施工补偿费用清单表	第三册第 57~58 页	
4		乙组文件表格		
4.1	价差 1-1 表	材料价差调整汇总表（采用信息价格法或实际采购价格法时）	第三册第 59 页	
4.2	价差 1-1-1 表	材料价差调整明细表（采用信息价格法或实际采购价格法时）	第三册第 60 页	
5		辅助资料	—	其他资料
6		电子文件	—	变更数据链文件

9.3.11 对工程变更费用应及时汇总，形成汇总文件，应符合以下规定：

1 工程变更费用汇总文件应汇总设计变更和其他变更数据，以单个施工合同或项目总体为单位编制。

2 工程变更费用汇总文件的数据应与设计变更费用文件（工程量清单形式）和其他变更费用文件的汇总数据一致。

3 工程变更费用汇总文件的编制依据主要包括以下内容：

1）设计变更费用文件（工程量清单形式）。

2）其他变更费用文件。

3）其他有关资料。

4 工程变更费用汇总文件的组成包括封面、扉页、目录、编制说明、甲组文件表格、乙组文件表格、辅助资料及相应的电子文件，应符合以下规定：

1）封面、扉页、目录、甲组文件表格和乙组文件表格的标准样式见本指南第三册。

2）编制说明应包括工程概况、项目总体变更情况、重（较）大设计变更批复情况等内容。

3）辅助资料应包括重（较）大设计变更的批复文件以及上级管理部门对其他变更的批复文件（如有）。

4）工程变更费用汇总文件应符合本指南第 3.6 节、第 3.7 节、第 4.1.5 条和附录 A 的有关规定。成果文件应包括电子文件，其中编制说明及报表类文件应为可编辑的通用电子文件，主要依据性资料和辅助资料可为 pdf 格式文件。

5 工程变更费用汇总文件的组成见表 9.3.11。

工程变更费用汇总文件的组成　　　表 9.3.11

序号	表格编号	文件组成	页码	备注
1		封面、扉页、目录	第三册第 61～63 页	
2		编制说明	—	
3		甲组文件表格		
3.1	变更台账 1-i 表	××合同段工程变更台账表	第三册第 64 页	
3.2	变更台账 2-i 表	××合同段变更新增清单子目单价汇总表	第三册第 65 页	
3.3	变更清单总 1-i 表	变更项目清单汇总表	第三册第 66 页	
3.4	变更清单总 2-i 表	变更工程量清单汇总表-总表	第三册第 67 页	
3.5	变更清单总 2-1-i 表	变更工程量清单汇总表-一级子目清单表	第三册第 68 页	
4		乙组文件表格		
4.1	变更清单总 3-i 表	变更分项清单-汇总表	第三册第 69 页	
5		辅助资料	—	其他资料
6		电子文件	—	变更数据链文件

9.4 过程结算

9.4.1 建设项目应推行过程结算制度，提高工程结算工作效率，实现工完账清，保障造价与质量、进度、安全等各管理工作协同推进，维护建设项目合同双方的合法权益。

9.4.2 过程结算应当遵循"**遵守合同、实事求是、同步推进、应结尽结**"原则，并符合国家及行业的有关法律、法规和管理制度的规定。

9.4.3 过程结算工作实行统一管理、分级负责，执行《广东省交通运输厅关于印发广东省公路建设项目过程结算工作指导意见的通知》（粤交基〔2022〕488 号）的规定，应符合以下规定：

1 各级交通运输主管部门、建设单位及其上级管理部门、建设项目其他参建单位（设计、施工、监理等）应按要求落实工作责任，强化造价管理措施，做好过程结算工作。

2 **建设单位作为落实过程结算的责任主体，应建立健全过程结算管理制度，开展过程结算工作评价和考核，保障过程结算工作落实落地。**各参建单位应保障承担过程结算工作人员的配置和稳定，做到过程结算和工程建设同步推进、应结尽结。

3 项目开工前，建设单位应组织参建单位按合同约定制订过程结算的目标和计划，建立全过程造价管理标准费用项目、合同工程量清单、图纸工程量三者的对应关系，明确过程结算的结算范围、单元划分、工作程序和考核标准等。施工单位应将结算计划纳入总体施工组织设计内容，作为开工报告组成部分。

4 结算单元完工后，施工单位应及时编制和上报过程结算文件，监理单位和建设单位应及时审核。

5 对于施工工期 1 年以内的合同段，以工完账清为目标，结合项目实际，编制结算节点计划。对于施工工期超过 1 年的合同段，以每半年或 1 年为过程结算时间节点，结合合同工程内容，合理确定各阶段拟完成的结算单元。

6 过程结算单元的划分应贯彻本指南的理念和规定，结合项目工程特点、工期计划、质量检验评定单元等因素合理确定。原则上应与附录 B 中的结算层级一致。具备条件的结算单元，建设单位应组织施工、监理等单位于质量中间验收合格后 3 个月内完成过程结算文件的编制、审核、签认工作。

7 合同范围内工程实体类工程量清单相应费用项目应按结算单元进行结算。100 章清单项及开工预付款、材料预付款、奖罚金等非实体工程的费用项目，以及咨询、服务类等第三部分费用应结合合同约定和实际完成情况进行过程结算。

8 应实现工程变更、过程结算与建设进度同步管理。对变更费用有重大分歧的变更，可以先行批复变更方案及确认工程量。

9 处理好工程正常计量支付与过程结算的关系，计量支付是过程结算的基础，未按要求完成过程结算的费用项，最高支付金额不宜超过建设单位审核确认的 97%，过程结算后方可支付剩余金额。完工结算率低于 30% 的合同段，在后续计量支付中可暂扣 10% 以内的工程进度款。具体视过程结算完成情况和进度合理确定支付方式和比例。

10 鼓励利用计算机和信息化技术开展过程结算工作，推动过程结算文件资料的电子化、数字化，形成完整、可追溯的过程结算文件资料。

9.4.4 过程结算应按合同约定的结算单元或对有条件办理过程结算的工程或费用进行编制。编制过程结算时，应做好现场记录和签认以及完善数量和费用计算等依据资料。对于有争议的过程结算单元，应如实做好过程问题记录，对工程量或价格无异议的先办理确认；对工程量或价格有分歧的部分，应按规定做好问题记录和有关资料的收集。

9.4.5 过程结算文件编制、审核的主要依据文件包括施工合同、补充协议、施工图纸、工程变更、工程索赔以及现行计价文件等有关资料。

9.4.6 过程结算文件应参照本指南第 10.3.9 条的规定编制，过程结算问题记录表（如有）也是过程结算文件的组成部分。

9.4.7 经签署认可的过程结算文件，是最终结算文件和竣工决算文件的组成部分，具有法律效力。最终结算时，不需对已确认的过程结算重新办理确认。

9.4.8 已完成的过程结算文件及有关支撑资料应及时归档。施工单位应按国家、行业有关工程档案管理要求，对过程结算文件同步开展收集、整理、排序、编目组卷，对已确认的实际完工工程量，应及时组织编制竣工图，并报监理、建设单位验收合格，构成竣工档案资料的组成部分。

9.4.9 以施工图数量为基础签订的合同，施工图数量台账应与过程结算动态闭合。以初步设计数量为基础签订的合同，应建立合同数量与施工图设计数量、实施数量的变化对照，依照管量不管价方式进行结算。过程结算造价数据应符合本指南第 3.7 节、附录 A 的有关规定。

9.5 造价管理台账

9.5.1 在项目实施阶段，建设管理单位应结合管理情况，在开工后按规定建立造价管理台账，并在建设过程中定期维护、及时更新和动态管理。省管公路建设项目的年度造价台账应于次年 2 月报送省交通运输主管部门备案，同时上传至造价管理系统。

9.5.2 造价管理台账的工程数量应反映从前期、设计、实施到竣工不同阶段建设规模、主要设计方案、主要工程数量的变化，特别是采用设计施工总承包模式管理的项目应做好工程数量台账管理。计量与支付、工程变更、材料价差调整等事项应分别按不同合同段和项目编制汇总表或台账表。

9.5.3 电子文件宜由经验证的项目管理系统导出，手工编制的电子表格文件宜采用便于数据闭合性校对的方式进行编制，鼓励运用可对电子表格进行管理、审核的专用造价软件。

9.5.4 造价管理台账主要包括封面、扉页、目录、编制说明、甲组文件表格、乙组文件表格及相应的电子文件，应符合以下规定：
1 封面、扉页、目录、甲组文件表格和乙组文件表格的标准样式见本指南第三册。
2 编制说明应包括以下内容：
1）项目概况。
2）项目投资动态变化及管理情况，主要包括造价文件批复、重（较）大设计变更、工程费用支付、重大造价变化与原因分析、各阶段造价执行情况、施工图设计工程量台账。
3）采用的造价软件名称及版本号。

4）其他需要说明的事项。

9.5.5 造价管理台账的组成见表9.5.5。

造价管理台账的组成　　　　　　　表9.5.5

序号	表格编号	文件组成	页码	备注
1		封面、扉页、目录	第三册第71~73页	
2		编制说明	—	
3		甲组文件表格		
3.1	台账1表	造价台账汇总表	第三册第74页	
3.2	台账2表	中标价与标底或最高投标限价对比表	第三册第75页	
3.3	台账3表	合同支付台账表	第三册第76页	
3.4	台账4表	工程变更台账汇总表	第三册第77页	
3.5	台账5表	新增清单子目单价汇总表	第三册第78页	
3.6	台账6表	公路工程造价从业人员汇总表	第三册第79页	
4		乙组文件表格		
4.1	台账1-i表	××合同段工程造价台账表	第三册第80页	
4.2	台账4-i表	××合同段工程变更台账表	第三册第81页	
4.3	台账5-i表	××合同段变更新增清单子目单价汇总表	第三册第82页	
4.4	台账6-i表	××合同段公路工程造价从业人员汇总表	第三册第83页	
5		电子文件	—	管理台账数据链文件

9.5.6 一级及以上公路项目的造价管理台账应按表9.5.5的所有内容编制并动态维护，一级以下公路项目可参考表9.5.5的甲组文件表格开展管理工作。

9.6 造价管理重点工作

9.6.1 建设单位及上级管理部门在合同执行阶段，应强化法律意识和契约意识，规范合同执行，严格按管理权限和程序办事，建立合同风险预案，加强风险管控，注重过程记录和基础资料的收集整理，尽可能减少合同管理中存在的造价和成本控制隐患。

9.6.2 建设单位应加强预付工程款的审核工作，确保预付工程款按合同约定支付和扣回，保证金预留符合合同约定，预留比例和金额计算准确，使用和退回合法合规。

9.6.3 建设单位及上级管理部门应严格执行《广东省交通运输厅关于加强公路工程设计变更管理工作的通知》（粤交基〔2021〕668号）的有关规定，严禁随意变更或未经批准实施变更，并做好以下工作：

1　对重大方案变更进行充分的技术、经济方案比选，并在实施前召开协调会议或专家会议进行研究，保证设计变更的技术经济性。

2　对工程变更管理工作实行全过程跟踪管理，采用变更意向与变更报告两阶段的管理制度，加强对工程变更台账的动态管理。

3　重视重（较）大设计变更审批流程和合同变更的审批要求，提高变更报批效率，实现工程变更审批与建设进度同步管理。

4　加强变更报告审核，确保变更原因成立、理由真实合理、依据充分，资料真实完整、手续合规、界面准确、数量和单价合理并符合合同约定和造价管理规定。

9.6.4　建设单位应注重计量支付的准确性和时效性，加强计量支付的审核工作，确保工程计量真实准确，计量附件资料完整有效，工程价款支付符合合同规定，无超前和超额计量与支付。

9.6.5　建设单位应加强其他变更的日常管理：

1　在项目开工后及时组织承包人对合同工程量清单进行复核，在项目开工后3个月内完成工程量变化引起合同价格调整的编制，6个月内完成审核和审批。

2　在施工过程中组织有关单位收集需进行价差调整的材料用量和价格信息，定期整理有关记录、资料，按时做好档案归档。

3　发生加速施工事件时，组织监理单位对承包人编制的加速施工方案进行审核，对加速施工过程中发生的措施内容和数量进行核实和签认，对承包人申报的加速施工费用进行审核。

4　发生暂停施工事件时，应组织监理单位审核并判断暂停施工的原因，对暂停施工过程产生的损失数量进行核实和签认，对承包人申报的暂停施工费用进行审核。

5　组织暂估价项目的招标或定价，对承包人申报的暂估价价格调整进行审核。

6　对计日工项目进行核实和签认，对承包人申报的计日工价格调整进行审核。

7　按合同约定和有关管理制度的要求督促承包人及时申报其他合同价格调整的造价文件，按项目管理流程实施审核，完善有关审批手续。

8　确保其他变更费用计算符合合同条款的约定，如：价差调整的计算（包括材料类别、用量、单价确定、风险幅度等）准确，索赔、补偿原因成立、依据充分、程序和时效符合规定、费用的确定合法合理，价格调整或各项参数取值合理并符合合同约定和造价管理规定。

9　编制其他变更台账，做到台账动态管理。

9.6.6　建设单位应加强过程结算管理：

1　在勘察、设计、施工、监理及其他服务等合同中明确过程结算目标、责任和实施要求。

2 在项目开工前,应按合同约定制订过程结算的目标和计划,明确过程结算的结算条件、单元划分、工作程序和考核标准等。

3 工程部门对经质量验收合格的分项工程实际完工数量进行量测、记录和确认,并填写有关表格。合约部门结合合同约定的计量支付规则确认计价工程量和单价以及合同约定的其他费用项目(如材料款、奖罚金等),开展计费计价,并以此为基础组织有关部门协同办理过程结算。

4 结算单元完工后,组织结算文件的编制和审核,及时编制、整理、审核过程结算文件。同步完善合同支付条款,保障过程结算工作目标。

9.6.7 建设单位应加强征地拆迁造价管理工作,确保征地拆迁范围合规、补偿标准符合有关规定、补偿金额计算准确、依据资料真实完整、手续完备。

9.6.8 建设单位在项目实施过程中应及时建立和更新造价管理台账,实施全过程造价执行情况的分析和控制,实现全过程动态管理造价。

9.6.9 承包人在项目实施过程中应按建设单位的要求做好施工过程中的造价管理配合工作:

1 按合同约定及时对合同工程量清单进行复核,在项目开工后 3 个月内完成工程量变化引起合同价格调整的编制工作。

2 按合同约定和计量支付管理制度规定的时限申报计量与支付报告,对全部计量内容的准确性和真实性负责,不得超前、超额计量。

3 按项目变更管理制度的规定及时申报变更报告,对变更资料的真实性和完整性负责。

4 按项目实际情况编制其他变更报告,并确保其他变更的原因成立、依据充分、资料真实完整、费用计算准确合理。

5 建立内部过程结算管理制度,落实工作责任制。配备造价人员(专职)和管理人员负责过程结算工作,制订过程结算工作计划,编制过程结算文件,对文件编制质量负责。

6 配合建设单位完成各类造价管理台账的编制、工程计量与支付、工程变更、其他合同价格调整、过程结算的审核工作。

9.6.10 监理单位在项目实施过程中应按监理合同和项目有关管理制度的规定,审核过程结算,督促落实过程结算执行及问题整改,对承包人申报的工程计量与支付、工程变更、其他价格调整、过程结算报告进行审核。

10 竣(交)工阶段造价管理

10.1 一般规定

10.1.1 竣(交)工阶段的造价管理工作主要包括交工验收造价文件编制和报送，工程结算文件的编制和审核，竣工决算文件的编制、审核、备案，造价执行情况报告的编制等。

10.1.2 竣(交)工阶段的造价文件主要包括交工验收造价文件、结算文件、竣工决算文件和造价执行情况报告。

10.1.3 建设单位对交工验收阶段的造价管理、工程结算、竣工决算、造价执行情况承担主体责任，负责组织以上环节的工作。

10.1.4 施工、监理、设计等参建单位应按合同约定和有关管理制度的规定编制和上报各自合同的结算文件，并配合建设单位完成工程结算的审核和竣工决算编制工作，监理单位还应对建筑安装工程结算和竣工图进行审核。

10.1.5 各级交通运输主管部门应组织有关单位建立竣工决算管理工作监督机制，加强对公路建设项目造价管控的过程检查和指导。建设单位及其上级管理部门应建立竣工决算编制、内部审核工作的评价制度和评价标准，对参与编制、内部审核的单位和人员的工作质量进行评价，奖优罚劣，建立激励和淘汰机制，推行信用评价管理。交通运输主管部门结合备案情况，必要时对编制、内部审核的质量情况进行通报。

10.1.6 对于大型或复杂的建设项目，需由两个或两个以上单位共同承担工程结算文件和工程竣工决算文件编制工作时，建设单位或其上级管理部门应指定总体协调单位（人），具体负责编制或审核工作的总体筹划和部署、协调与统一、资料的汇总等综合性工作，并对汇总的竣工决算文件质量负责。

10.2 交工验收造价管理

10.2.1 交工验收造价文件应由项目建设管理单位负责编制和报送。

10.2.2 省管项目的建设单位应按造价管理有关规定对工程变更情况进行统计汇总，交工验收造价文件在交工验收前1个月报送省交通运输工程造价管理机构。省交通运输工程造价管理机构对项目交工验收前的变更处理情况进行检查，检查报告报省交通运输主管部门，作为项目交工验收备案管理的要件之一。此条地方项目可参照执行。

10.2.3 交工验收造价文件主要包括交工验收前变更处理情况的自检报告、变更检查情况一览表、变更台账汇总表和变更台账表。自检报告主要包括项目基本情况、变更制度、审批权限及上报审批（含费用及份数）等管理情况、变更费用占对应批复概算建筑安装工程费比例、管理效率和效果评价，其他需说明的情况等。

10.2.4 交工验收造价文件的组成见表10.2.4，具体样式见本指南第三册。

交工验收造价文件的组成　　　　　　表10.2.4

序号	表格编号	文件组成	页码
1		封面、扉页、目录	第三册第85~87页
2		××项目工程变更处理情况自检报告	第三册第88~91页
3	交造1表	工程变更检查情况一览表	第三册第92页
4	交造2表	工程变更台账汇总表	第三册第93页
5	交造3表	工程变更台账表	第三册第94~95页

10.3 工程结算

10.3.1 工程结算文件主要包括建筑安装工程、土地使用及拆迁补偿、工程建设其他费用的结算文件。

10.3.2 工程结算文件应按单个合同进行编制，一份合同办理一份结算。

10.3.3 建设单位在结算办理过程中应积极组织开展结算谈判（如需），完善结算的合同手续和有关审批手续，对结算文件的编制质量提出评价意见，并在交工验收通车后1年内完成全部的工程结算。

10.3.4 本指南对结算文件内容和形式的规定，适用于采用施工图设计进行发包的公路工程项目；以初步（技术）设计或其他形式进行发包的公路工程建设项目，结算的费用项目表按本指南执行，其他内容可参照执行。

10.3.5 一级及以上公路项目应编制结算文件的所有内容；一级以下公路项目可仅编制结算文件的封面、扉页、目录、编制说明和甲组文件表格。

10.3.6 工程结算文件应全面、准确、直观地反映合同、工程变更、过程结算、最终结算的数量、单价和合价。其中，清单子目项的数量应按合同约定的计量签认方式确定，单价应按合同单价或经批复的变更单价确定。

10.3.7 建设单位应督促竣工文件编制单位全过程跟踪收集、整理竣工资料，分阶段及时编制竣工文件。

1 建立设计数量台账，进行全过程的工程数量管理，编制施工图设计数量和竣工数量对比台账。

2 竣工图数量总表可增加竣工数量和对比设计的增减量列，并按竣工档案的编制要求进行编制和说明。

3 对以竣工图数量总表编制的造价文件数据链计算出的费用与结算费用进行闭合检查；通过数据链关联、对应、计价指标等方式检查随工程变更修订的施工图至竣工图的吻合性、准确性，提高竣工图质量。

4 通过数据链导出的部分报表可作为工程结算和竣工决算文件的基础性资料。

10.3.8 工程结算文件的组成包括封面、扉页、目录、编制说明、甲组文件表格、乙组文件表格（如有）、辅助资料和相应的电子文件：

1 封面、扉页、目录、甲组文件表格及乙组文件表格的标准样式见本指南第三册。

2 编制说明应包括以下内容：

1）工程范围及主要工作内容等；设计数量台账或竣工图数量与结算工程量的对比情况。

2）工程结算文件编制的依据：合同价格，工程变更费用变化的主要情况等。

3）工程结算遗留问题。

4）其他与工程结算有关但不能在表格中反映的事项。

5）采用的通（专）用软件名称及版本号。

3 辅助资料，包括结算过程中的调查资料及其他结算基础性、依据性资料。

4 工程结算文件的成果交付应符合本指南第 3.6 节、第 3.7 节、第 4.1.5 条和附录 A 的有关规定。成果文件应包括电子文件，其中编制说明及报表类文件应为可编辑的通用电子文件，主要依据性资料和辅助资料可为 pdf 格式文件。

10.3.9 工程结算文件的组成

1 建筑安装工程结算文件的组成见表 10.3.9-1。

建筑安装工程结算文件的组成　　　　　　　表 10.3.9-1

序号	表格编号	文件组成	页码	备注
1		封面、扉页、目录	第三册第 97～99 页	
2		编制说明	—	
3		甲组文件表格		
3.1	建安结 1 表	结算项目清单	第三册第 100 页	
3.2	建安结 2 表	结算工程量清单-总表	第三册第 101 页	
3.3	建安结 2-1 表	结算工程量清单-一级子目清单表	第三册第 102 页	
3.4	建安结 2-2 表	计日工结算汇总表	第三册第 103 页	
3.5	建安结 2-3 表	材料价差调整结算统计表	第三册第 104 页	
3.6	建安结 2-4 表	工程索赔结算汇总表	第三册第 105 页	
3.7	建安结 2-5 表	其他费用结算汇总表	第三册第 106 页	
3.8	建安结 2-6 表	工程变更台账表	第三册第 107 页	
4		乙组文件表格		
4.1	建安结 2-2-1 表	计日工明细表	第三册第 108 页	
4.2	建安结 2-3-1 表	材料价差调整汇总表	第三册第 109 页	
4.3	建安结 3 表	结算分项清单	第三册第 110 页	
5		辅助资料	—	其他资料
6		电子文件	—	结算数据链文件

2 土地使用及拆迁补偿结算文件的组成见表 10.3.9-2。

土地使用及拆迁补偿结算文件的组成　　　　　　　表 10.3.9-2

序号	表格编号	文件组成	页码	备注
1		封面、扉页、目录	第三册第 111～113 页	
2		编制说明	—	
3		甲组文件表格		
3.1	征拆结 1 表	土地使用及拆迁补偿结算项目清单	第三册第 114 页	
4		辅助资料	—	其他资料
5		电子文件	—	结算数据链文件

3 工程建设其他费用结算文件的组成见表 10.3.9-3。

工程建设其他费用结算文件的组成   表 10.3.9-3

序号	表格编号	文件组成	页码	备注
1		封面、扉页、目录	第三册第 115~117 页	
2		编制说明	—	
3		甲组文件表格		
3.1	监理结 1 表	工程监理费结算清单汇总表	第三册第 118 页	
3.2	监理结 1-1 表	工程监理费结算清单	第三册第 119 页	
3.3	设计结 1 表	勘察设计费结算清单汇总表	第三册第 120 页	
3.4	设计结 1-1 表	勘察设计费结算清单	第三册第 121 页	
3.5	其他结 1-i 表	其他费用结算清单	第三册第 122 页	
4		辅助资料	—	其他资料
5		电子文件	—	结算数据链文件

10.3.10 根据工程特点和合同有关约定，工程结算涉及第 10.3.9 条所列结算文件以外的甲供材料、保险、税金、奖罚金等造价内容时，可根据需要在工程结算文件中另行增加"××合同费用结算表-甲供材料"等有关结算表格，作为工程结算文件的组成部分。

10.4 竣工决算

10.4.1 竣工决算应在完成工程变更审批、合同结算确认的基础上进行，应按基本建设程序的有关规定在项目竣工验收前完成竣工决算的备案。

10.4.2 推行竣工决算内部审核制度，建设单位应采取编制、审核两阶段来完成竣工决算的编制和审核工作。

10.4.3 竣工决算审核可结合内部审计一并开展，也可独立开展，形成一致审核结果并修订竣工决算文件。

10.4.4 竣工决算文件的编制和审核质量除应符合本指南的有关规定外，尚应符合广东省交通运输厅有关管理文件的要求。

10.4.5 竣工决算管理实行备案制，按《广东省交通运输厅关于印发广东省公路建设项目竣工决算实行备案制管理的通知》（粤交基〔2020〕598 号）的有关规定执行。

10.4.6 竣工决算应准确反映工程建设实际发生费用，并总体控制在批复设计概算（或一阶段施工图预算）范围内。竣工决算应数据真实、结构清晰、计算正确、符合规定，各项费用构成应做到数据来源有依据、可追溯，归属位置按标准、合规范，统计、汇总口径准确一致，工程、财务数据相吻合。

10.4.7 竣工决算文件的编制宜以建设项目造价标准化和信息化管理成果为基础，提高数据编制、汇总、贯通、可追溯的信息化处理能力，建立从投资估算、设计概算、施工图预算、合同清单、工程结算至竣工决算全过程的造价数据链，实现实时、动态的项目竣工决算编制。

10.4.8 各级管理单位应根据本指南的有关规定对竣工决算工作进行质量分级评价，严格控制质量偏差。

10.4.9 项目竣工决算文件的组成包括封面、扉页、目录、建设项目地理位置图、竣工决算报告编制说明、甲组文件表格、乙组文件表格、辅助表格、审核文件、辅助资料及相应的电子文件，应符合以下规定：

1 封面、扉页、目录、建设项目地理位置图、竣工决算报告编制说明、甲组文件表格、乙组文件表格、辅助表格、审核文件的组成和标准样式见本指南第三册。

2 竣工决算报告编制说明应包括以下内容：

1）项目概况及组织情况：从工程立项、初步设计、施工图设计、招标、工程建设、竣（交）工等各阶段说明工程路线走向、建设规模、技术标准、主要工程方案、数量情况；建设管理制度执行，各阶段设计审批，较大、重大设计变更审批，招投标和合同履行情况；建设项目工程资金来源、到位，投资计划、落实情况。

2）项目财务与工程造价管理情况：从项目管理机构设置及职能分工、招标方式、主要参建单位履约情况、工程建设管理措施、会计财务处理、财产物资清理及债权债务清偿、工程建设过程和管理工作中的重大事件、经验教训等方面进行说明。

3）工程造价与投资控制情况：从造价控制与管理措施、合同执行情况、工程设计变更、批复费用执行情况、建设资金使用与结余资金处理情况、竣工决算编制情况等方面进行说明。对项目调价及预留费用（含尾工工程）情况等应进行说明；其中，应特别注意竣工决算与批复费用的对比，需要详细表述主要技术经济指标、费用结余（或超支）情况，对其原因进行量化分析并说明原因。

4）工程遗留问题（如有）。

5）检查落实情况，如历次审计、检查、审核、稽查意见及整改落实情况等。

6）项目管理体会：总结项目管理特点、造价控制的经验与教训总结、工程遗留问题、建议，以及上级单位对本项目的造价管理或投资控制方面的考核评价等。

7）其他需要说明的事项。

3 辅助资料主要包括支撑竣工决算报表数据的基础性资料，包括公路工程建设项目决算各项费用的依据性文件、合同、协议、变更批复、结算书、计量支付凭证、竣工图等资料。

4 竣工决算文件应符合本指南第3.6节、第3.7节、第4.1.5条和附录A的有关规定。成果文件应包括电子文件，其中编制说明及报表类文件应为可编辑的通用电子文件，主要依据性资料和辅助资料可为pdf格式文件。

10.4.10 竣工决算文件的组成见表10.4.10。

竣工决算文件的组成　　　　　　　　　　　　　表10.4.10

序号	表格编号	文件组成	页码	备注
1		封面、扉页、目录	第三册第133~136页	
2		建设项目地理位置图	第三册第137页	
3		竣工决算报告编制说明	第三册第138页	
4		甲组文件表格		
4.1	竣1表	工程概况表	第三册第139~140页	
4.2	竣2表	财务决算表	第三册第141~142页	
4.3	竣2-1表	资金来源情况表	第三册第143页	
4.4	竣2-2表	交付使用资产总表	第三册第144页	
4.5	竣2-2-1表	交付使用资产明细表	第三册第145页	
4.6	竣2-3表	待摊投资明细表	第三册第146页	
4.7	竣2-4表	待核销基建支出明细表	第三册第147页	
4.8	竣2-5表	转出投资明细表	第三册第148页	
4.9	竣3表	建设项目竣工决算汇总表（合同格式）	第三册第149页	
4.10	竣3-1-i表 ($i=1, 2, \cdots, n$)	工程结算费用表（合同清单格式）	第三册第150页	
4.11	竣4表	建设项目竣工决算汇总表（概预算格式）	第三册第151页	
4.12	竣4-1-i表 ($i=1, 2, \cdots, n$)	工程结算费用表（项目清单格式）	第三册第152页	
4.13	竣4-2表	土地使用及拆迁补偿费结算汇总表	第三册第153页	
4.14	竣4-2-i表 ($i=1, 2, \cdots, n$)	土地使用及拆迁补偿费结算表	第三册第154页	
4.15	竣4-3表	建设单位（业主）管理费汇总表	第三册第155页	
4.16	竣4-4表	其他合同（费用）结算汇总表	第三册第156页	
4.17	竣4-4-×表	××类合同（费用）结算表	第三册第157页	
4.18	竣4-5表	预留费用登记表（含尾工工程）	第三册第158页	
4.19	竣4-6表	建设期贷款利息汇总表	第三册第159页	
4.20	竣4-7表	代扣代付项目增减建设成本汇总表	第三册第160页	
4.21	竣5表	全过程造价对比表	第三册第161页	

续上表

序号	表格编号	文件组成	页码	备注
4.22	竣5-1表	土地使用及拆迁补偿费工程造价执行情况对比表	第三册第162页	
5		**乙组文件表格**		
5.1		建筑安装工程结算文件		见本指南第三册工程结算文件
5.2		土地使用及拆迁补偿结算文件		见本指南第三册工程结算文件
5.3		工程建设其他费用结算文件		见本指南第三册工程结算文件
6		**辅助表格**		
6.1		竣工工程规模说明	第三册第163～169页	
6.2	竣辅1表	标段基本情况表	第三册第170页	
6.3	竣辅1-1表	标段划分情况表	第三册第171页	
6.4	竣辅2表	工程变更台账汇总表	第三册第172页	
6.5	竣辅2-i表	工程变更台账表	第三册第173页	
6.6	竣辅3表	主要技术标准及工程规模统计表	第三册第174～177页	
6.7	竣辅3-1表	桥梁工程规模统计表	第三册第178页	
6.8	竣辅3-2表	隧道工程规模统计表	第三册第179页	
6.9	竣辅3-3表	互通工程规模统计表	第三册第180页	
6.10	竣辅3-4表	房建工程规模统计表	第三册第181页	
6.11	竣辅3-5表	房建指标统计表	第三册第182页	
6.12	竣辅4表	各阶段主要工程规模对比表	第三册第183～184页	
6.13	竣辅5表	建设期贷款利息计算表	第三册第185页	
6.14	竣辅6表	合同支付台账表	第三册第186页	
7		**审核文件**		
7.1		封面、扉页、目录	第三册第187～189页	
7.2		审核意见	第三册第190～199页	
7.3	竣审1表	审核表（概预算格式）	第三册第200页	
7.4	竣审2表	审核表（合同格式）	第三册第201页	
7.5	竣审3表	审核调整过程汇总表	第三册第202页	
7.6	竣审3-1-i表 ($i=1, 2, \cdots, n$)	审核调整费用基础表-第i合同段	第三册第203～205页	
7.7	竣审3-2表	审核调整费用基础表-代扣代付项目冲减建设成本	第三册第206页	
7.8	竣审4表	竣工决算文件符合性核查表	第三册第207～210页	
8		**辅助资料**	—	其他资料
9		**电子文件**	—	决算数据链文件

10.5 造价执行情况报告

10.5.1 造价执行情况报告由建设单位在项目竣工验收前编制完成，应总体反映公路工程建设全过程中主要阶段的造价管理情况。 主要内容包括项目的工程概况、投融资方式、建设管理模式、各阶段造价批复和执行情况［重（较）大设计变更应重点说明］、工程结算及交工验收前变更处理情况、造价监督检查和整改情况、竣工决算情况、造价控制目标实现情况、遗留问题、造价管控措施成效及体会以及上级单位对项目的造价管理考核评价情况等。

10.5.2 项目竣工决算超过批准概算时，应在报告中进行专项分析，说明原因。

10.5.3 造价执行情况报告主要包括造价执行情况说明、工程概况、全过程造价对比表、建设项目造价管理质量评价情况。

10.5.4 造价执行情况报告的组成见表10.5.4，具体样式见本指南第三册。

造价执行情况报告的组成　　　　　　表10.5.4

序号	表格编号	文件组成	页码	备注
1		××工程造价执行情况报告	第三册第212～218页	
2	竣1表	工程概况表	第三册第219～220页	
3	竣5表	全过程造价对比表	第三册第221页	
4		建设项目造价管理质量评价		评价内容见表3.4.5

10.6 造价管理重点工作

10.6.1 建设单位在交工验收前应编制造价管理情况自检报告，整理各合同段的工程变更统计表和工程变更台账，检查各参建单位的总结报告中是否包括造价管理工作的内容，并对参建单位的造价管理工作给予初步评价。

10.6.2 建设单位在组织工程结算文件的编制和审核过程中应做好以下工作：
1 做好工程结算编制和审核的前期统筹安排，明确各方责任、工作进度计划和编审要求，必要时组织工程结算编制和审核的交底会议。
2 加强与承包人的沟通与衔接，指导和督促承包人按要求完成工程结算的编制和结算资料的上报。
3 **加强工程结算的审核，确保各项合同结算合法、合规并符合合同约定，结算手**

续完备，结算资料真实、完整，结算费用准确、合理。

10.6.3 建设单位在组织竣工决算文件的编制和审核过程中应做好以下工作：

1 在工程前期阶段，制订竣工决算工作制度，明确各方责任，为竣工决算编制做好统筹安排。

2 在工程实施阶段，随着工程建设进度的推进，及时开展有关资料的收集、整理、分析和保管等工作。

3 在工程竣（交）工阶段，及时组织工程技术、计划合约、财务审计、物资资产等有关管理部门的人员和设计、施工、监理等单位共同编制竣工决算文件。

4 正式编制竣工决算文件前，制订编制方案和计划，落实分工，并结合项目特点提前确定决算费用项目架构，统一和规范决算有关的基本信息。

5 编制过程中，应注意竣工决算数据真实、结构清晰、计算正确、符合规定；统计、汇总口径准确一致，加强工程数据与财务数据的核对，注意会计核算与工程概预算口径的差异性，做到工程费用与财务费用不重、不漏。

6 做好工程规模对比分析，确保建筑安装工程规模、设备配置规模、用地规模、房建设施规模等与批复规模相符。发生不属于批复规模的工程时应及时进行调整，对超出或减少规模的原因进行说明并做同口径对比分析。

7 做好各阶段造价与批复费用的对比分析，确保竣工决算费用控制在批复费用范围内。工程费用（不含材料价差的建筑安装工程费＋设备及工器具购置费＋预备费）控制在相应批复费用内的，总费用剔除材料上涨、征地拆迁变化、建设期贷款利息等因素产生的费用和不可预见的不利物质条件、不可抗力增加的费用后不超相应批复费用的，视为控制在批复费用范围内。

10.6.4 建设单位及其上级管理部门应按规定依法开展建设项目内部审计工作，并根据审计报告修改、完善工程竣工决算报告，确保竣工决算文件的合法性、真实性、准确性和完整性。

10.6.5 建设单位应树立工程全过程造价管理理念，重视竣工决算文件编审质量管理。其上级管理部门（如有）应对竣工决算报告进行严格审核把关，形成审核意见后报具有相应管理权限的交通运输主管部门备案，并抄送同级公路主管部门和造价管理机构。

10.6.6 在项目竣工验收前，建设单位应按规定编制造价执行情况报告，对建设项目的造价执行情况进行详细分析。造价执行情况报告可单独、也可作为项目建设执行情况报告的组成部分在竣工验收会议上进行汇报。

10.6.7 施工、设计、监理等单位应配合建设单位做好工程结算审核、竣工决算编制和造价执行情况报告编制工作。

10.6.8 留有尾工工程的建设项目,建设单位应根据批复的投资额或按实际情况测算的投资额,在竣工决算中计列尾工工程预留费用。尾工工程预留费用不得超过批准的概(预)算总投资的5%。竣工决算编制说明中应明确尾工工程完成的时限,原则上不超过竣工验收后2年。

10.6.9 工程竣工验收前,因实施国家和省重大决策部署、或广东省交通运输厅要求增加实施的、或因不可抗力增加的工程,其工程费用可作为建设成本纳入竣工决算,但应符合以下原则:

1 在项目交工通车后3年内已实施的工程,应按其工程费用的归属列项,纳入决算费用。

2 在项目交工通车后3年内已实施但未完成或尚未实施但已明确实施的工程,可以尾工工程纳入决算费用,并在竣工决算报告中明确该工程完成的时限,原则上不超过竣工验收后2年。

附录 A 全过程造价文件报送及采集要求

目 录		要 求		估算		概算		预算		清单预算		合同清单		重大变更		造价台账		交工验收		竣工决算	
		电子版格式	纸质版	报送	归档	报送	归档	报送	归档	报送	归档	报送	归档	报送	归档	报送	归档	报送	归档
第一部分 基础信息																				
1	基本信息	1.上报前按造价管理系统的要求进行填写。2.审批(查)后,按审定结果在造价管理系统上进行修改		√	√	√	√	√	√	√	√							√	√
2	主要工程数量			√		√	√	√	√	√	√							√	√
3	工程造价			√		√	√	√	√	√	√							√	√
4	工料机消耗			√				√	√	√	√								√
5	其他			√		√	√	√	√	√	√							√	√

续上表

序号	目　录	要　求		估算		概算		预算		清单预算		合同清单		重大变更		造价合账		交工验收		竣工决算	
		电子版格式	纸质版	报送	归档	报送	归档	报送	归档	报送	归档	报送	归档	报送	归档	报送	归档	报送	归档	报送	归档
第二部分　响应性文件																					
1	报审请示	PDF格式	√	√		√		√		√				√		√		√		√	
2	建设单位或上级管理部门的审核（计）意见	PDF格式	√	√		√		√	√	√	√			√	√	√		√	√	√	√
3	造价文件基本组成（封面、扉页、目录、编制说明、甲组文件）	PDF格式		√	√	√	√	√	√	√	√			√	√	√	√	√	√	√	√
4	造价数据链文件		√	√	√	√	√	√	√	√	√			√	√	√	√	√	√	√	√
5	设计图表（含工可报告、初步设计、施工图、变更图、竣工图）	PDF格式	√	√	√	√	√	√	√	√	√			√	√	√	√	√	√	√	√
6	工可报告、初步设计和施工图设计批复文件（或评审）文件	PDF格式	√	√		√		√	√	√	√			√	√	√	√	√	√	√	√
7	招标文件（含技术规范、计量支付规则）及备案意见	PDF格式									√		√				√		√		√	√
8	主要合同协议	PDF格式	√										√		√		√		√		√	√
9	其他依据	PDF格式	√	√	√	√	√	√	√	√	√			√	√	√	√	√	√	√	√
第三部分　结构化造价数据文件																					
1	造价文件组成	表格:EXCEL格式；文字:WORD格式		√		√		√		√				√		√		√		√	√
2	造价数据链文件	专用或通用软件导出的可编辑文件、数据文件和XML文件		√		√		√		√				√		√		√		√	√

续上表

目 录		要　求		估算		概算		预算		清单预算		合同清单		重大变更		造价台账		交工验收		竣工决算	
		电子版格式	纸质版	报送	归档	报送	归档	报送	归档	报送	归档	报送	归档	报送	归档	报送	归档	报送	归档	报送	归档
3	主要造价报表	以下报表宜为XML格式，暂未能采用专用软件实现前，可为EXCEL格式																			
3.1	主要技术经济指标汇总表			√	√	√	√	√	√	√	√										
3.2	标准费用项目前后阶段对比表	多段(单段)				√	√	√	√	√	√										
3.3	汇总表(总表)	项目				√	√	√	√	√	√	√									
3.4	造价台账汇总表(台账1表)	标段														√					
3.5	××合同段工程造价台账汇总表(台账1-i表)															√					
3.6	工程变更台账汇总表(台账4表)													√		√		√			
3.7	××变更费用对比表(变更1表)														√						
3.8	全过程造价对比表(竣5表)							√						√		√				√	√
3.9	批复与上报造价对比表						√		√		√		√		√		√				√	√
4	工程数量总表	EXCEL格式，数据文件		√	√	√	√	√	√	√	√	√	√			√		√	√	√	√
5	辅助资料																			√	√
第四部分　质量评价																						
1	单次造价文件质量评分表			√		√		√		√		√		√		√		√		√	
2	建设项目造价管理质量评价表																				√	

备注："√"为必须报送及采集的数据、文件或表格。

附录 B 广东省公路工程全过程造价管理标准费用项目表

工程或费用编码	工程或费用名称	单位	估算	概算	施工图预算	清单预算	合同清单	合同造价台账	变更费用	结算决算	主要工作内容	备注
1	第一部分 建筑安装工程费	公路公里	√	√	√	√	√	√	√	√	包含路基、路面、桥梁、隧道、交叉等分部分项工程费用和专项费用	建设项目路线总长度（主线长度）
101	临时工程	公路公里	√	√	√	√	√	√	√	√	临时工程包括临时道路（涵）、便桥工程、临时码头、保通便道、其他临时工程等	

续上表

工程或费用编码	工程或费用名称	单位	估算	概算	施工图预算	清单预算	合同清单	造价台账	变更费用	结算决算	主要工作内容	备注
10101	临时道路	km	√	√	√	√	√	√	√	√		新建施工建便道,利用原有道路、便桥的总长度
1010101	临时便道(修建、拆除与维护)	km	√		√		√	√	√			新建施工便道长度(含便涵)
1010102	原有道路的维护与修复	km	√	√	√							指利用原有道路长度
1010103	临时便桥	m/座	√	√	√		√	√	√		修建、拆除与维护	临时施工汽车便桥的长度/座数
1010104	临时码头	座	√	√	√							可按不同的形式分列子项
10102	保通便道	km	√	√	√	√	√	√	√	√		保通便道长度
1010201	保通便道(修建、拆除与维护)	km	√	√	√		√	√	√		修建、拆除与维护	保通便道长度
1010202	保通临时安全设施	km	√	√	√		√	√	√		临时安全设施修建、拆除与维护	保通道路路线长度(按单幅计)
10103	其他临时工程	公路公里	√	√	√		√	√	√	√	包含临时电力线路(不包括场外高压供电线路)、临时电信、临时供水与排污、其他临时及预制场设施安拆工程等	
1010301	临时供电及电信设施	公路公里		√	√		√	√	√		包括临时电力线路、变压器、摊销等,不包括场外高压供电线路、广播线	
1010302	临时供水与排污设施	公路公里		√	√							

95

续上表

工程或费用编码	工程或费用名称	单位	估算	概算	施工图预算	清单预算/清单	合同造价	变更费用	合同台账	结算决算	主要工作内容	备注
1010303	拌和及预制场设施安拆	公路公里		√	√							
102	路基工程	km	√	√	√	√	√	√	√	√	包括路基土石方工程、特殊路基处理、排水工程及路基防护工程等	路基长度，指扣除主线桥梁、涵道和互通立交的主线长度；独立桥梁或隧道工程以引道或接线长度为引道或隧道主线长度
10201	场地清理	km	√	√	√	√	√	√	√	√	包括清理掘除地表及种植物、挖除旧路面、拆除原有结构物等	清理的路基长度
1020101	清理与掘除	km/m²	√	√	√	√	√	√	√	√		清理的路基长度/清理面积，按清除内容的不同分列子项
1020102	挖除旧路面	m³/m²	√	√	√	√	√	√	√	√		挖除体积/面积，按挖除旧路面的类型分列子项
1020101201	挖除水泥混凝土面层	m³/m²	√	√	√							
1020101202	挖除沥青混凝土面层	m³/m²	√	√	√							
1020101203	挖除碎(砾)石路面	m³/m²	√	√	√							
1020101204	挖除基层、底基层	m³/m²	√	√	√							
1020103	拆除旧建筑物、构筑物	m³	√	√	√	√	√	√	√	√		拆除结构物实体体积，按不同的构筑材料分列子项

续上表

工程或费用编码	工程或费用名称	单位	估算	概算	施工图预算	清单预算	合同清单	合同造价变更	结算决算	主要工作内容	备注
102010301	拆除钢筋混凝土结构	m³	√	√	√						拆除结构物实体体积
102010302	拆除混凝土结构	m³	√	√	√						
102010303	拆除砖石及其他砌体	m³	√	√	√						
10202	路基挖方	m³	√	√	√	√	√	√	√	包括土石方、非适用材料及淤泥的开挖等	挖方量
1020201	挖土方	m³	√	√	√						
1020202	挖石方	m³	√	√	√					工作内容包括挖、装、运、弃	
1020203	挖非适用材料	m³	√	√	√						
10203	路基填方	m³	√	√	√	√	√	√	√	包括路基土石方填筑等	填方量
1020301	利用土方填筑	m³	√	√	√					填筑（不含桥涵台背回填）	
1020302	借土方填筑	m³	√	√	√					挖、装、运、填筑（不含桥涵台背回填）	
1020303	利用石方填筑	m³	√	√	√					解小、填筑（不含桥涵台背回填）	
1020304	借石方填筑	m³	√	√	√					挖、装、运、解小、填筑（不含桥涵台背回填）	
1020305	填砂路基	m³	√	√	√						
1020306	利用隧道弃渣填筑	m³	√	√	√						

续上表

工程或费用编码	工程或费用名称	单位	估算	概算	施工图预算	清单预算	合同清单	合同造价台账	变更费用	结算决算	主要工作内容	备注
1020307	气泡混合轻质土填筑	m³	√	√							不含桥涵台背及特殊路基回填	
10204	结构物台背回填	m³	√	√	√	√	√	√	√	√	包括结构物台背回填、锥坡及台前溜坡填土	填方量，按回填位置及不同填料分列子项
1020401	锥坡填筑	m³			√	√	√	√	√	√		按不同填筑材料分列子项
1020402	挡墙墙背回填	m³			√	√	√	√	√	√		
1020403	桥涵台背回填	m³			√	√	√	√	√	√		
10205	特殊路基处理	km	√	√	√	√	√	√	√	√	包括软土、滑坡地段、岩溶、膨胀土、黄土、盐渍土、填湖、江、海地区路基的处理	需要处理的特殊路基长度
1020501	软土地区路基处理	km/m²	√	√	√	√	√	√	√	√	包括桩处理、换填、预压、排水固结、补压等	软土地区路基纵向处理长度/处理面积，按处理方案分列子项
102050101	清除换填处理	m³/m²	√	√	√	√	√	√	√			换填体积/处理面积，按换填材料分列子项
102050102	抛石挤淤处理	m³/m²	√	√	√	√	√	√	√			抛石体积/处理面积
102050103	砂垫层预压处理	m²	√	√	√	√	√	√	√			预压处理面积
102050104	袋装砂井预压处理	m/m²	√	√	√	√	√	√	√			砂井长度/处理面积
102050105	塑料排水板预压处理	m/m²	√	√	√	√	√	√	√			排水板长度/处理面积

续上表

工程或费用编码	工程或费用名称	单位	估算	概算	施工图预算	清单预算	合同清单	合同造价台账	变更费用	结算	决算	主要工作内容	备注
102050106	土工合成材料加砂垫层处理	m²	√	√	√	√	√	√		√			处理面积
102050107	真空联合堆载预压处理	m²	√	√	√	√	√	√	√	√			处理面积
102050108	水泥搅拌桩处理	m/m²	√	√	√	√	√	√	√	√			桩长/处理面积
102050109	旋喷桩处理	m/m²	√	√	√	√	√	√	√	√			桩长/处理面积
102050110	管桩处理	m/m²	√	√	√	√	√	√	√	√			桩长/处理面积
102050111	素混凝土桩处理	m/m²	√	√	√	√	√	√	√	√			桩长/处理面积
102050112	强夯处理	m²	√	√	√	√	√	√	√	√			处理面积
102050113	反压护道	m³/m²	√		√	√	√	√	√	√			护道土方体积/处理面积
102050114	路堤加筋	m³/m²	√	√	√	√	√	√	√	√			加筋土方体积/路基处理面积
102050115	就地固化处理	m³/m²	√	√	√	√	√	√	√	√			如采用强力搅拌法,处理体积/处理面积
102050116	灌浆处理	m³/m²	√	√	√	√	√	√	√	√			处理体积/处理面积
1020502	不良地质路段处治	km/m²	√	√	√	√	√	√	√	√	√	包括滑坡、崩塌及岩堆、泥石流、岩溶、采空区、膨胀土、黄土、滨海路基等不良地质路段的处治	路基纵向处治长度/处治面积

续上表

工程或费用编码	工程或费用名称	单位	估算	概算	施工图预算	清单预算	合同清单	合同造价台账	变更费用	结算	决算	主要工作内容	备注
102050201	滑坡地段路基防治	km/处	√	√	√	√	√	√	√	√	√	包括排水、减载、反压与支挡工程等	路基防治长度/处数，按不同的防治方法分列子项
102050202	崩塌及岩堆路段路基防治	km/处	√	√	√	√	√	√	√	√	√	包括喷锚挂网支护、避绕、清理、支挡、遮挡工程等	路基防治长度/处数，按不同的防治方法分列子项
102050203	泥石流路段路基防治	km/处	√	√	√	√	√	√	√	√	√	包括排导设施、加固设施等	
102050204	岩溶地区防治	km/处	√	√	√	√	√	√	√	√	√	包括设置排水设施、溶洞回填、洞内加固等	
102050205	采空区处理	km/处	√	√	√	√	√	√	√	√	√	包括开挖回填、填充和注浆等	
102050206	膨胀土处理	km/处	√	√	√	√	√	√	√	√	√		处理路段长度/处数，按不同的处理方法分列子项
102050207	黄土处理	km/处	√	√	√	√	√	√	√	√	√		
102050208	滨海路基防护与加固	km/处	√	√	√	√	√	√	√	√	√	包括过水构造物、排水设施、支挡、边坡防护加固等	
102050209	盐渍土处理	km/m³	√	√	√	√	√	√	√	√	√		处理长度/体积，按不同的处理方法分列子项
102050210	红黏土及高液限土处理	km/m²	√	√	√	√	√	√	√	√	√		路基处治长度/面积

续上表

工程或费用编码	工程或费用名称	单位	估算	概算	施工图预算	清单预算	合同清单	合同造价台账	变更费用	结算	决算	主要工作内容	备注
102050211	煤系土处治	km/m²	√	√	√	√	√	√	√	√	√		路基处治长度/面积
													可增加表中未包含的特殊路基处理项目
1020503	其他处理	km	√	√	√	√	√	√	√	√	√		
102050301	高填方路段处理	km/m²	√	√	√	√	√	√	√	√	√		处理长度
102050302	低填浅挖路段处理	km/m²	√	√	√	√	√	√	√	√	√		
102050303	新旧路拼接路段处理	km/m²	√	√	√	√	√	√	√	√	√		处理长度/面积
102050304	填挖交界路段处理	km/m²	√	√	√	√	√	√	√	√	√		
102050305	桥头路基处理	km/m²	√	√	√	√	√	√	√	√	√		
10206	排水工程	km	√	√	√	√	√	√	√	√	√	包括一般路段排水及高边坡排水工程中所有沟、槽、池、井及管道等	路基长度,按不同结构类型分列子项
1020601	边沟	m³/m	√	√	√	√	√	√	√	√	√		圬工体积/长度,按不同的材料分列子项
102060101	现浇混凝土边沟	m³/m			√	√	√	√	√	√	√		
102060102	混凝土预制块边沟	m³/m			√	√	√	√	√	√	√		
102060103	浆砌片石边沟	m³/m			√	√	√	√	√	√	√		
1020602	排水沟	m³/m	√	√	√	√	√	......	√	√	√		圬工体积/长度,按不同的材料分列子项
102060201	现浇混凝土排水沟	m³/m			√	√	√		√	√	√		
102060202	混凝土预制块排水沟	m³/m			√	√	√		√	√	√		

续上表

工程或费用编码	工程或费用名称	单位	估算	概算	施工图预算	清单预算	合同清单	合同台账	变更费用	结算决算	主要工作内容	备注
102060203	浆砌片石排水沟	m³/m			√							
1020603	截水沟	m³/m	√	√	√	√	√	√	√	√		坊工体积/长度，按不同的材料分列子项
102060301	现浇混凝土截水沟	m³/m			√							
102060302	混凝土预制块截水沟	m³/m			√							
102060303	浆砌片石截水沟	m³/m			√							
1020604	急流槽	m³/m	√	√	√	√	√	√	√	√		坊工体积/长度，按不同的材料分列子项
102060401	现浇混凝土急流槽	m³/m			√							
102060402	混凝土预制块急流槽	m³/m			√							
102060403	浆砌片石急流槽	m³/m			√							
1020605	暗沟	m³/m	√	√	√	√	√	√	√	√		坊工体积/长度，按不同的材料分列子项
1020606	渗（盲）沟	m³/m	√	√	√	√	√	√	√	√		坊工体积/长度，按不同的材料分列子项
1020607	其他排水工程	km	√	√	√	√	√	√	√	√	除边沟、排水沟、截水沟、急流槽等以外的其他排水工程	路基长度
1020608	城镇化综合排水	km	√	√	√	√	√	√	√	√	城镇化程度较高地区，与市政排水管网相接的排水工程	路基长度

续上表

工程或费用编码	工程或费用名称	单位	估算	概算	施工图预算	清单预算	合同清单	造价台账	变更费用	结算决算	主要工作内容	备注
10207	路基防护与加固工程	km	√	√	√	√	√	√	√	√	包括一般防护与加固，高边坡防护与加固，冲刷防护等	路基长度
1020701	一般坡防护与加固	km	√	√	√	√	√	√	√	√	包括植物防护，圬工防护，导治结构物及支挡建筑物等	一般边坡防护的路基长度（单边合计）
102070101	坡面植物防护	m²	√	√	√							坡面面积
102070102	坡面圬工防护	m³/m²	√	√	√							圬工体积/坡面面积
102070103	坡体加固防护	m²	√	√	√							坡面面积。按设计分方案和材料分列子项
102070104	挡土墙	m³/m	√	√	√							圬工体积/墙长
1020702	高边坡防护与加固	km/处	√	√	√	√	√	√	√	√	包括植物防护，圬工防护，导治结构物及支挡建筑物等	高边坡路基长度（单边合计）/处数，指土质挖方边坡高度大于20m，岩质挖方边坡高度大于30m，或填方边坡大于20m的边坡
102070201	K×××+××××~K×××+××××坡面加固	km/m²	√	√	√	√	√	√	√	√		高边坡路基长度（按单边计）/坡面面积
10207020101	坡面植物防护	m²	√	√	√							坡面面积
10207020102	坡面圬工防护	m³/m²	√	√	√							圬工体积/坡面面积
10207020103	坡体加固防护	m²	√	√	√							坡面面积。按设计分方案和材料分列子项

续上表

工程或费用编码	工程或费用名称	单位	估算	概算	施工图预算	清单/合同造价预算	变更清单/合同台账费用	结算决算	主要工作内容	备注
1020702010301	预应力锚索	m/t	√	√	√					锚索长度/质量
10207020010302	锚杆、锚钉	m/t	√	√	√					锚杆（钉）长度/质量
10207020010303	锚固板	m³	√	√	√					圬工体积
10207020010304	抗滑桩	m³/m		√	√					圬工体积/桩长
10207020104	挡土墙	m³/m	√	√	√					圬工体积/墙长
10207020202	K××× +×××× ～K××× +×××坡面加固	km/m²				√	√	√		高边坡路基长度（按单边计）/坡面积
1020703	冲刷防护	m	√	√	√	√	√	√	包括植物防护、铺石、抛石、石笼、导治结构物等	防护段长度。防护水流时路基冲刷和淘刷的防护工程
102070301	河床铺砌	m³/m		√	√	√	√	√		圬工体积/长度
102070302	导流坝	m³/处		√	√	√	√	√		圬工体积/处数
102070303	驳岸	m³/m		√	√	√	√	√		圬工体积/长度
102070304	石笼	m³/处		√	√	√	√	√		圬工体积/处数
1020704	其他防护	km	√	√	√	√	√	√	除一般边坡、高边坡、冲刷防护外的路基其他防护工程	路基长度
10208	路基其他工程	km	√			√	√	√	除以上工程外的路基工程或路基零星工程等	路基长度
1020801	整修路拱	km			√					处理的路基长度
1020802	整修边坡	km			√					处理的路基长度

104

附录B ◇ 广东省公路工程全过程造价管理标准费用项目表

续上表

工程或费用编码	工程或费用名称	单位	估算	概算	施工图预算	清单预算	合同清单	造价台账	变更费用	结算	决算	主要工作内容	备注
103	路面工程	km	√	√	√	√	√	√	√	√	√	包括面层、基层、底基层、垫层、黏层、透层、封层及路面排水等工程	路基长度，指扣除主线桥梁、隧道和互通立交的主线长度；独立桥梁或隧道工程为引道或接线长度
10301	沥青混凝土路面	m²	√	√	√	√	√	√	√	√	√	包括面层、基层、垫层、黏层、透层、封层等	上面层顶面面积
1030101	功能层	m³/m²	√	√	√	√	√	√	√	√	√		料粒体积/层顶面面积
103010101	垫层	m³/m²	√	√	√	√	√	√	√	√			料粒体积/层面面积，按不同材料分列子项
103010102	透层	m²			√	√	√	√	√	√			
103010103	黏层	m²			√	√	√	√	√	√			层顶面积，按不同材料分列子项
103010104	封层	m²			√	√	√	√	√	√			
1030102	底基层	m³/m²	√	√	√	√	√	√	√	√	√		料粒体积/层顶面面积，按不同材料分列子项
1030103	基层	m³/m²	√	√	√	√	√	√	√	√	√		
1030104	面层	m³/m²	√	√	√	√	√	√	√	√	√	包括磨耗层、上面层、中面层、下面层等	所有面层料粒体积/上面层顶面面积
103010401	下面层	m³/m²	√	√	√	√	√	√	√	√			料粒体积/层顶面面积，按不同材料分列子项
103010402	中面层	m³/m²	√	√	√	√	√	√	√	√			
103010403	上面层	m³/m²	√	√	√	√	√	√	√	√			

续上表

工程或费用编码	工程或费用名称	单位	估算	概算	施工图预算	清单预算	清单合同造价	合同台账	变更费用	结算	决算	主要工作内容	备注
10302	水泥混凝土路面	m²	√	√	√	√	√	√	√	√		包括面层、基层、垫层、封层等	面层顶面面积
1030201	垫层	m³/m²		√	√	√	√	√	√	√			料粒体积/层顶面面积，按不同材料分列子项
1030202	底基层	m³/m²		√	√	√	√	√	√	√			
1030203	基层	m³/m²		√	√	√	√	√	√	√			
1030204	面层	m³/m²		√	√	√	√	√	√	√			
1030205	其他	m²		√	√	√	√	√	√	√		如有封层或防水土工织物等，计入本项	铺筑面积
10303	其他路面	m²	√	√	√	√	√	√	√	√		包括沥青表面处理、沥青贯入式、沥青上拌下贯式、砂石路面、泥结碎石等其他路面形式	上面层层顶面面积
1030301	沥青表处路面	m²		√	√	√	√	√	√	√			料粒体积/层顶厚度，按不同厚度分列子项
1030302	沥青贯入式路面	m²		√	√	√	√	√	√	√			层顶面积，按不同厚度分列子项
1030303	沥青上拌下贯式路面	m²		√	√	√	√	√	√	√			
1030304	砂石路面	m²		√	√	√	√	√	√	√			
10304	路槽、路肩及中央分隔带	km	√	√	√	√	√	√	√	√		包括挖路槽、培路肩、中分带填土、路缘石等	路基长度，指扣除主线桥梁、隧道和互通立交的主线长度
1030401	挖路槽	m²			√		......						挖路槽面积

续上表

工程或费用编码	工程或费用名称	单位	估算	概算	施工图预算	清单预算	合同清单	造价台账	变更费用	结算	决算	主要工作内容	备注
1030402	路肩	km		√	√							含培路肩、土路肩加固、路缘石等	路基长度,指扣除主线桥梁、隧道和互通立交的主线长度
1030403	中间带	km		√	√							含回填土、路缘石、过水槽等	路基长度,指扣除主线桥梁、隧道和互通立交的主线长度
10305	路面排水	km	√	√	√	√	√	√	√	√		包括拦水带、排水沟、排水管、集水井、检查井等	路基长度,指扣除主线桥梁、隧道和互通立交的主线长度。按不同类型分列子项
1030501	排水沟	m³/m			√								排水沟圬工体积/长度。按不同的类型分列子项
1030502	排水管	m			√								排水管长度,按不同的类型分列子项
1030503	渗(盲)沟	m			√								渗(盲)沟长度
1030504	拦水带	m			√								拦水带长度,按不同的材料分列子项
1030505	过水槽	m³			√								过水槽圬工体积
1030506	急流槽	m³			√							路面结构层范围内所属的急流槽	急流槽圬工体积
1030507	集水(检查)井	m³/个			√								圬工体积/个数,按不同的规格分列子项

续上表

工程或费用编码	工程或费用名称	单位	估算	概算	施工图预算	清单预算	合同造价清单	变更合账费用	结算决算	主要工作内容	备注
10306	旧路面处理	km/m²	√	√	√	√	√	√	√	对道路原有路面进行处理的工程内容	处理长度/处理面积，按不同的处理方案分列子项
1030601	既有路面处治	m²		√	√	√	√	√			根据处治方案分列子项
1030602	路面拼接处理	m²		√	√	√	√	√			
1030603	再生利用	m²		√	√	√	√	√			
103060301	沥青路面冷再生	m²		√	√	√	√				
103060302	沥青路面现场热再生	m²		√	√	√	√				
103060303	沥青厂拌热再生	m²		√	√	√	√				
104	桥梁涵洞工程	km	√	√	√	√	√	√	√	包括桥梁工程和涵洞工程等	桥梁长度（不含互通内主线桥涵）
10401	涵洞工程	m/道	√	√	√	√	√	√	√	包括盖板涵、管涵、拱涵、箱涵等	涵洞长度/道数
1040101	管涵	m/道		√	√	√	√	√			
1040102	盖板涵	m/道		√	√	√	√	√			
1040103	箱涵	m/道		√	√	√	√	√			按孔数、孔径分列子项
1040104	拱涵	m/道		√	√	√	√	√			
1040105	旧涵洞处理	m/道		√	√	√	√	√		含清淤、加固、拼接、封堵、拆除等	按处理方案分列子项

续上表

工程或费用编码	工程或费用名称	单位	估算	概算	施工图预算	清单预算	合同清单	造价台账	变更费用	结算	决算	主要工作内容	备注
10402	小桥工程	m/座	√	√	√	√	√	√	√	√	√		桥长/座数。按桥梁桩号逐座计列
示例	K××小桥（1~10m 矩形板）	m²/m			√	√	√			√			桥面面积/桥梁长度。按桥梁桩号逐座计列
10403	中桥工程	m/座	√	√	√	√	√	√	√	√	√		桥长/座数。按桥梁桩号逐座计列
1040301	××桥（跨径、桥型）2~16m 空心板	m²/m		√	√	√	√	√	√	√			桥面面积/桥梁长度
1040302	××桥（跨径、桥型）2~16m 预制矩形板	m²/m		√	√	√	√	√	√	√			
10404	大桥工程	m/座	√	√	√	√	√	√	√	√	√		桥梁长度/座数。按桥梁桩号逐座计列
1040401	××桥（跨径、桥型）（示例）35+2×50+40m 连续箱梁	m²/m	√	√	√	√	√	√	√	√			桥面面积/桥梁长度
104040101	基础工程	m³/m²			√	√	√	√	√	√		含桩基础、承台、系梁、钢围堰等	构造物工体积/桥面面积
10404010101	桩基础	m³/m			√		√	√	√	√			桩结构体积/桩长
1040401010101	××桩径	m³/m			√								按桩径分列子项

续上表

工程或费用编码	工程或费用名称	单位	估算	概算	施工图预算	清单预算	合同清单	合同造价	变更费用	结算台账	结算	决算	主要工作内容	备注
10404010102	承台	m³		√	√									结构体积
10404010103	系梁	m³		√	√								挡地面以下系梁	结构体积
10404 0102	下部构造	m³(t)/m²			√	√	√				√			构造体积/桥结面积。如为钢结构,混凝土和钢结构分列子项,钢结构计量单位为t/m²
10404010201	桥台	m³		√	√	√								
10404010202	桥墩	m³		√	√									结构体积
10404010203	盖梁	m³		√	√									
10404 0103	上部构造	m³(t)/m²			√	√	√				√			构造体积/桥结面积。如为钢结构,混凝土和钢结构分列子项,钢结构计量单位为t/m²。按不同形式分列子项,并注明跨径
10404010301	空心板	m³		√	√	√				√				
10404010302	小箱梁	m³		√	√	√				√				结构体积
10404010303	T梁	m³		√	√	√				√				
10404010304	连续梁	m³		√	√	√				√				
10404010305	钢箱梁	t		√	√	√				√				结构质量

续上表

工程或费用编码	工程或费用名称	单位	估算	概算	施工图预算	清单预算	合同清单	造价台账	变更费用	结算	决算	主要工作内容	备注
10404010306	连续刚构	m³		√						√			结构体积
10404010104	桥面铺装	m³/m²		√		√	√		√	√		包括面层、连接层、防水层等	构造体积/桥面铺筑路面面积，按结构构造类型分列子项
10404010401	沥青混凝土	m³			√	√							
10404010402	水泥混凝土	m³			√	√						包含桥面防水层	铺装物体积
10404010403	钢桥面铺装	m³			√								
10404010105	附属结构	m²/m		√		√	√		√	√		包括支座、伸缩缝、护栏、护网等	桥面面积/桥梁长度
10404010501	桥梁支座	个			√	√							支座个数，按支座类型分列子项
10404010502	伸缩缝	m			√	√							伸缩长度，按类型分列子项
10404010503	混凝土护栏	m³/m			√	√							构造体积/长度，按类型分列子项
10404010106	其他工程	m²/m		√	√	√	√		√	√		包括桥面排水、预埋件、桥头设施等	桥面面积/桥梁长度
10404010601	桥面排水系统	m²/m			√	√	√		√	√			
10404010602	防(维)护设施	m²/m			√	√	√		√	√			
10404010603	看桥房及岗亭	座			√	√	√		√	√			

续上表

工程或费用编码	工程或费用名称	单位	估算	概算	施工图预算	清单预算	合同清单	合同造价台账	变更费用	结算决算	主要工作内容	备注
10405	特大桥工程	m/座	√	√	√	√	√	√	√			桥梁长度/座数，按桥梁桩号逐座计列
1040501	××特大桥工程（跨径，桥型）	m²/m	√	√	√	√	√	√	√			桥面面积/桥梁长度，技术复杂大桥按主桥和引桥分列子项
104050101	引桥工程（跨径，桥型）	m²/m	√	√	√	√	√	√	√		包括基础、下部结构、上部结构、桥面铺装、附属结构、其他工程等	引桥桥面面积/长度
10405010101	基础工程	m³/m²		√	√	√	√	√	√		含桩基础、承台、系梁、钢围堰等	构造物体积/桥面面积
1040501010101	桩基础	m³/m			√	√	√	√	√			桩结构体积/桩长。按桩径分列子项
104050101010101	××桩径	m³/m			√	√	√		√		……	
104050101010102	承台	m³		√	√	√	√		√			结构体积
104050101010103	系梁	m³		√	√	√	√		√		地面以下的系梁	
1040501010102	下部构造	m³(t)/m²		√	√	√	√		√		……	构造体积/桥面面积，如为钢结构，混凝土和钢结构分列子项，钢结构计量单位为t/m²

续上表

工程或费用编码	工程或费用名称	单位	估算	概算	施工图预算	清单预算	合同清单	造价台账	变更费用	结算	决算	备注
104050101010201	桥台	m³		√	√	√						结构体积
104050101010202	桥墩	m³		√	√	√						结构体积
104050101010203	盖梁	m³		√	√	√						结构体积
10405010103	上部构造	m³(t)/m²		√			√		√	√		构造体积/桥面面积。如为钢结构，混凝土和钢结构分列子项，钢结构计量单位为t/m²。按不同形式分列子项，并注明形式跨径
10405010103 01	空心板	m³		√	√	√	√		√	√		结构体积
10405010103 02	小箱梁	m³		√	√	√	√		√	√		结构体积
10405010103 03	T梁	m³		√	√	√	√		√	√		结构体积
10405010103 04	连续梁	m³		√	√	√	√		√	√		结构体积
10405010103 05	钢箱梁	t		√	√	√	√		√	√		结构质量
10405010103 06	连续刚构	m³		√	√	√	√		√	√		结构体积
10405010104	桥面铺装	m³/m²		√	√	√	√		√	√		包括面层、连接层、防水层等	构造体积/桥面面积，路面面积，按结构类型分列子项
10405010104 01	沥青混凝土	m³			√	√						包含桥面防水层	铺装物体积
10405010104 02	水泥混凝土	m³			√	√							
10405010104 03	钢桥面铺装	m³			√	√							

续上表

工程或费用编码	工程或费用名称	单位	估算	概算	施工图预算	清单合同预算清单	合同造价变更台账费用	结算 决算	主要工作内容	备注
104050101105	附属结构	m²/m	√	√	√	√	√		包括支座、伸缩缝、护栏、护网等	桥面面积/桥梁长度
104050101501	桥梁支座	个			√	√	√	√		支座个数,按支座类型分列子项
104050101502	伸缩缝	m			√	√	√			伸缩缝长度,按类型分列子项
104050101503	混凝土护栏	m³/m			√	√	√			构造体积/长度,按类型分列子项
104050101106	其他工程	m²/m	√	√	√	√	√		包括桥面排水、预埋件、桥头设施等	桥面面积/桥梁长度
104050101601	桥面排水系统	m²/m			√	√	√	√		
104050101602	防(维)护设施	m²/m			√	√	√	√		
104050101603	看桥房及岗亭	座				√	√	√		
104050102	主桥工程(跨径、桥型)	m²/m	√	√	√	√	√	√	包括基础、下部结构、上部结构、桥面铺装、附属结构、其他工程等	主桥桥面面积/长度
104050102201	基础工程	m³/m²	√	√	√	√	√		含桩基础、承台、系梁、钢围堰等	构造物体积/桥面面积
104050102101	桩基础	m³/m		√	√	√	√			桩结构体积/桩长,按桩径分列子项

续上表

工程或费用编码	工程或费用名称	单位	估算	概算	施工图预算	清单预算	合同清单	造价台账	变更费用	结算	决算	主要工作内容	备注
10405010201 0101	××桩径	m³/m		√	√							含永久钢护筒	
10405010201 02	承台	m³	√	√	√								结构体积
10405010201 03	系梁	m³	√	√	√							指地面以下系梁	结构体积
10405010201 04	扩大基础	m³	√	√	√								结构体积
10405010201 05	沉井基础	m³(t)	√	√	√								结构体积。如为钢结构，单位为t(质量)
10405010201 0501	混凝土沉井	m³		√	√								结构体积
10405010201 0502	钢沉井	t		√	√								结构质量
10405010201 06	地下连续墙	m³/m	√	√	√								圬工体积/墙长
10405010201 07	锚碇	m³/处	√	√	√								锚碇体积/处数
10405010201 08	钢围堰	t	√	√	√							指永久结构用钢围堰	钢结构质量
10405010202	下部构造	m³(t)/m²	√	√	√		√	√	√	√			构造体积/桥面面积。如为钢结构，混凝土和钢结构分列子项，钢结构计量单位为t/m²
10405010202 01	桥墩	m³	√	√	√								
10405010202 02	盖梁	m³	√	√	√								结构体积
10405010202 03	索塔	m³(t)	√	√	√								结构体积
10405010202 0301	混凝土索塔	m³		√	√								结构体积或质量

结构体积，按位置分列子项

续上表

工程或费用编码	工程或费用名称	单位	估算	概算	施工图预算	清单预算	合同清单	造价台账	变更费用	结算决算	主要工作内容	备注
10405010202030 2	钢索塔	t			√							结构质量,按位置分列子项
10405010202040	其他	m²			√							桥面面积,按内容分列子项
10405010203	上部构造	m³(t)/m²	√	√	√	√	√					构造体积/桥面面积。如为钢结构,混凝土和钢结构分列子项,钢结构计量单位为t/m²
10405010203010	连续梁	m³(t)/m²	√	√	√	√	√		√	√		按结构或材料类型分列子项
10405010203010 1	预应力混凝土梁	m³/m²			√	√	√		√	√		结构体积/桥面面积
10405010203010 2	钢混组合梁	m³(t)/m²			√	√	√		√	√		结构体积(质量)/桥面面积
10405010203010 3	钢梁	t/m²			√	√	√		√	√		结构质量/桥面面积
10405010203020	连续刚构	m³(t)/m²		√	√	√	√		√	√		按结构或材料类型分列子项
10405010203020 1	预应力混凝土梁	m³/m²		√	√	√	√		√	√		结构体积/桥面面积
10405010203020 2	钢混组合梁	m³(t)/m²		√	√	√	√		√	√		结构体积(质量)/桥面面积
10405010203020 3	钢梁	t/m²		√	√	√	√		√	√		结构质量/桥面面积

续上表

工程或费用编码	工程或费用名称	单位	估算	概算	施工图预算	清单预算	合同清单合价	变更台账费用	结算	决算	主要工作内容	备注
104050102030204	其他	m²						√	√			桥面积
104050102030303	斜拉桥	m³(t)/m²	√	√	√	√	√	√				按结构或材料类型分列子项
104050102030301	预应力混凝土梁	m³/m²	√	√	√	√	√	√				结构体积/桥面积
104050102030302	钢混组合梁	m³(t)/m²	√	√	√	√	√	√				结构体积(质量)/桥面积
104050102030303	钢梁	t/m²	√	√	√	√	√	√				结构质量/桥面积
104050102030304	斜拉索	t/m²	√	√	√	√	√	√			包含斜拉索制作、安装	拉索质量/桥面积
104050102030305	其他	m²	√	√	√	√	√	√				桥面积
104050102030304	悬索桥	m³(t)/m²	√	√	√	√	√	√				按结构或材料类型分列子项
104050102030401	预应力混凝土梁	m³/m²	√	√	√	√	√	√				结构体积/桥面积
104050102030402	钢混组合梁	m³(t)/m²	√	√	√	√	√	√				结构体积(质量)/桥面积
104050102030403	钢梁	t/m²	√	√	√	√	√	√				质量/桥面积
104050102030404	主缆	t/m²	√	√	√	√	√	√			包含主缆制作、安装	质量/桥面积
104050102030405	猫道	m/m²	√	√	√	√	√	√			包含牵引系统	长度/桥面积
104050102030406	索鞍	t/m²	√	√	√	√	√	√				质量/桥面积
104050102030407	吊索	t/m²	√	√	√	√	√	√				质量/桥面积
104050102030408	吊杆	t/m²	√	√	√	√	√	√				质量/桥面积
104050102030409	其他	m²	√	√	√	√	√	√				桥面积

续上表

工程或费用编码	工程或费用名称	单位	估算	概算	施工图预算	清单预算	合同清单	造价台账	变更费用	结算决算	主要工作内容	备注
10405010203050	拱桥	m³(t)/m²	√	√	√	√	√	√	√	√		按结构或材料类型分列子项
10405010203050501	预应力混凝土梁	m³/m²	√	√	√	√	√	√	√	√		结构体积/桥面积
10405010203050502	钢混组合梁	m³(t)/m²	√	√	√	√	√	√	√	√		结构体积(质量)/桥面积
10405010203050503	钢梁	t/m²	√	√	√	√	√	√	√	√		结构质量/桥面积
10405010203050504	钢拱肋	t/m²	√	√	√	√	√	√	√	√		结构质量/桥面积
10405010203050505	混凝土拱肋	m³/m²	√	√	√	√	√	√	√	√		结构体积/桥面积
10405010203050506	钢管混凝土拱肋	m³(t)/m²	√	√	√	√	√	√	√	√		结构体积(质量)/桥面积
10405010203050507	吊杆	t/m²	√	√	√	√	√	√	√	√		结构质量/桥面积
10405010203050508	系杆	t/m²	√	√	√	√	√	√	√	√		结构质量/桥面积
10405010203050509	其他	m²	√	√	√	√	√	√	√	√		桥面面积
10405010204	桥面铺装	m³/m²	√	√	√	√	√	√	√	√	包括面层、连接层、防水层等	构造体积/桥面铺装路面面积,按结构类型分列子项
10405010204001	沥青混凝土	m³	√	√	√	……	……					
10405010204002	水泥混凝土	m³	√	√	√						包含桥面防水层	铺装物体积
10405010204003	钢桥面铺装	m³	√	√	√							
10405010205	附属工程	m/m²	√	√	√	√	√	√	√	√	包括桥梁支座、伸缩缝、混凝土护栏等	桥梁长度/桥面面积

续上表

工程或费用编码	工程或费用名称	单位	估算	概算	施工图预算	清单预算	合同清单	造价台账	变更费用	结算	决算	主要工作内容	备注
1040501020501	桥梁支座	个		√	√								支座个数，按支座类型分列子项
1040501020502	伸缩缝	m		√	√								伸缩缝长度，按类型分列子项
1040501020503	混凝土护栏	m³/m			√								构造体积/长度，按类型分列子项
10405010206	其他工程	m²/m	√	√	√	√	√	√	√				桥面面积/桥梁长度
1040501020601	桥面排水系统	m²/m		√	√	√	√	√					
1040501020602	防（维）护设施	m²/m		√	√	√	√	√					
1040502	××特大桥工程(跨径、桥型)	m²/m	√	√	√	√	√	√	√				
10406	旧桥利用与处治	m²/m	√	√	√	√	√	√	√		包括桥梁加固、拼宽、顶升、拆除等	旧桥利用与处治桥面面积/桥梁长度，按处治方案分列子项
1040601	桥梁加固	m²/m		√	√	√	√	√	√				桥面面积/处理长度
1040602	桥梁拼宽	m²/m		√	√	√	√	√	√				桥面面积/处理长度
1040603	桥梁顶升	m²/m		√	√	√	√	√	√				桥面面积/处理长度
1040604	桥梁拆除	m²/m		√	√	√	√	√	√				桥面面积/处理长度
10407	桥下排水设施	m		√	√	√	√	√					桥梁长度

续上表

工程或费用编码	工程或费用名称	单位	估算	概算	施工图预算	清单预算	合同清单	造价合账	变更费用	结算	决算	主要工作内容	备注
10408	桥梁岩溶处治	m	√							√			岩溶处理长度
105	隧道工程	km/座	√	√	√	√	√	√	√	√	√	包含隧道土建工程（不含隧道机电、交安工程）	隧道长度/座数（分离式隧道长度按单侧隧道长度之和的一半计），按形式类型分列子项
10501	连拱隧道	km/座	√	√	√	√	√	√	√	√	√	包含洞门及洞身、隧道防排水、路面、装饰及辅助坑道等工程	按隧道名称逐座计列
1050101	××隧道	m/m²	√	√	√	√	√	√	√	√	√		洞长×隧道建筑界限平面投影面积。面积按隧道建筑界限净宽乘以隧道洞长计算
105010101	洞门、洞口及明洞工程	m/m²		√	√	√	√	√	√	√			洞门及明洞长度/隧道建筑界限平面投影面积。面积按隧道建筑界限净宽乘以洞门及明洞长计算
10501010101	洞门及明洞开挖	m³		√	√								洞门/明洞开挖体积量
10501010102	洞口坡面排水、防护	m³/m²		√	√								洞口坡面排水、防护工程量/坡面面积
10501010201	植物防护	m²		√	√								坡面面积，按不同的防护类型分列子项

120

续上表

工程或费用编码	工程或费用名称	单位	估算	概算	施工图预算	清单预算	合同清单	造价台账	变更费用	结算决算	主要工作内容	备注
1050101010202	圬工防护	m³/m²		√	√							圬工体积/坡面面积
1050101010203	加固防护	m²		√	√							坡面面积，按设计方案和材料分列子项
1050101010204	排水设施	m³/m		√	√							圬工体积/长度
1050101010103	洞门建筑、装饰	m³/座		√	√							洞门建筑体积/座数，按不同材料分列子项
1050101010104	明洞修筑	m		√	√							明洞长度
1050101010401	混凝土衬砌	m³		√	√							圬工体积
1050101010402	钢筋	t		√	√							钢筋质量
1050101010403	洞顶回填	m³		√	√							回填体积
1050101010404	遮光棚(板)	m		√	√							棚(板)长
105010102	洞身工程(开挖及支护)	m/m²	√					√	√	√		洞身长度/隧道建筑限界平面投影面积。面积按隧道建筑界限净宽乘以洞身长计算。按围岩级别分列子项
105010102201	Ⅰ级围岩	m/m²		√	√	√	√		√	√		Ⅰ级围岩洞身长度/Ⅰ级围岩隧道建筑限界平面投影面积
1050101020101	洞身开挖	m³/m		√	√	√	√		√	√		开挖体积量/洞身长度
1050101020102	洞身衬砌	m³		√	√	√	√		√	√		
1050101020103	仰拱	m³		√	√	√	√		√	√		圬工量

续上表

工程或费用编码	工程或费用名称	单位	估算	概算	施工图预算	清单预算	合同清单	合同造价台账	变更费用	结算决算	主要工作内容	备注
10501010202	Ⅱ级围岩	m/m²			√	√	√		√	√		同Ⅰ级围岩分列子项
10501010203	Ⅲ级围岩	m/m²			√	√	√	……	√	√		同Ⅰ级围岩分列子项
10501010204	Ⅳ级围岩	m/m²			√	√	√		√	√		同Ⅰ级围岩分列子项
10501010205	Ⅴ级围岩	m/m²			√	√	√	……	√	√		同Ⅰ级围岩分列子项
10501010206	Ⅵ级围岩	m/m²			√	√	√		√	√		同Ⅰ级围岩分列子项
105010103	洞内路面、排水、装饰工程	m/m²			√	√	√		√	√	指洞内路面、管廊、防火及内装工程	洞长/隧道投影面积。平面投影建筑界限面积按隧道建筑界限净宽乘以隧道洞长计算
10501010301	洞内路面	m²			√	√	√		√	√		隧道铺筑路面面积
1050101030101	水泥混凝土路面	m²			√	√	√	……	√			
1050101030102	沥青混凝土路面	m²			√	√	√		√			
10501010302	洞内防、排水	m			√	√	√		√	√		隧道洞长
10501010303	洞内装饰	m²			√	√	√		√	√		装饰表面积
10501010304	洞内防火	m²			√	√	√		√	√		防火外观面积
10501010305	其他管沟(井)	m			√	√	√	……	√	√		隧道洞长

续上表

工程或费用编码	工程或费用名称	单位	估算	概算	施工图预算	清单预算	合同清单	合同台账	造价变更费用	结算	决算	主要工作内容	备注
105010104	辅助坑道	m/m²		√	√	√	√			√			辅助坑道长度/坑道平面投影面积
10501010401	斜井	m		√	√	√	√			√			长度
10501010402	竖井	m		√	√	√	√			√			长度
10501010403	人行横洞	m/处		√	√	√	√			√			横洞洞长/处数
10501010404	车行横洞	m/处		√	√	√	√			√			横洞洞长/处数
10501010405	预留洞室	m		√	√	√	√			√			隧道洞长
105010105	其他	m		√	√	√	√			√			洞长。如有其他不良地质处理，可列入此项
10502	小净距隧道	km/座	√	√	√	√	√	......	......	√	√	包含洞门及洞身、隧道防水、路面、装饰及辅助坑道等工程	同连拱隧道分列子项
10503	分离式隧道	km/座	√	√	√	√	√	......	......	√	√		指双洞平均长度。同连拱隧道分列子项
10504	下沉式隧道	km/座	√	√	√	√	√			√	√		隧道长度/座数，按照隧道名称逐座分列子项
1050401	××隧道	m/m²	√	√	√	√	√			√	√		洞长/隧道建筑限界平面投影面积
105040101	敞开段	m/m²	√	√	√	√	√			√	√		敞开段长度/面积，面积按敞开段隧道建筑限界净宽乘以敞开段长度计算

续上表

工程或费用编码	工程或费用名称	单位	估算	概算	施工图预算	清单预算	合同清单	造价台账	变更费用	结算	决算	主要工作内容	备注
10504010101	洞身工程	m/m²		√	√	√	√	√	√	√	√		
1050401010101	基坑开挖、回填及支护	m³		√	√	√	√		√	√			开挖体积
1050401010102	主体结构工程	m³		√	√	√	√		√	√			结构体积
10504010102	洞内路面、装饰、排水等工程	m/m²		√	√	√	√		√	√			
10504010103	辅助坑道及其他	m/m²			√	√	√		√	√			按围护结构类型分列子项
105040102	暗埋段	m/m²	√	√	√	√	√		√	√			暗埋段长度/面积,面积按隧道建筑限界净宽乘以暗埋段长度计算
10504010201	洞身工程	m/m²		√	√	√	√		√	√			
1050401020101	基坑开挖、回填及支护	m³		√	√	√	√		√	√			
1050401020102	主体结构工程	m³		√	√	√	√		√	√			
10504010202	洞内路面、装饰、排水等工程	m/m²		√	√	√	√		√	√			
10504010203	辅助坑道及其他	m/m²		√	√	√	√		√	√			
……													
10505	沉管隧道	km/座	√	√	√	√	√	√	√	√	√	包含洞门及洞身、隧道防排水、路面、装饰及辅助坑道等工程	隧道长度/座数,按照隧道名称逐座分列子项
1050501	××隧道	m/m²	√	√	√	√	√	√	√	√	√		洞长/隧道建筑限界平面投影面积
105050101	敞开段	m/m²		√	√	√	√	√	√	√	√		敞开段长度/面积,面积按敞开隧道建筑限界净宽乘以敞开段长度计算

续上表

工程或费用编码	工程或费用名称	单位	估算	概算	施工图预算	清单预算	合同清单	造价台账	变更费用	结算	决算	主要工作内容	备注
105050101 01	洞身工程	m/m²		√	√	√				√			
105050101 0101	基坑开挖、回填及支护	m³		√	√	√			√	√			
105050101 0102	主体结构工程	m³		√	√	√			√	√		洞内路面、管廊、防火及内装工程	洞长/隧道建筑限界平面投影面积（面积按隧道建筑限界净宽乘以隧道洞长计算）
105050101 02	洞内路面、排水、装饰工程	m/m²		√	√	√			√				
105050101 03	辅助坑道及其他	m/m²		√	√	√			√	√			
105050102	暗埋段	m/m²		√	√	√	√		√	√			暗埋段长度/面积，面积按隧道建筑限界净宽乘以暗埋段长度计算。同敞开段分段分列子项
	......												
*105050103	沉管段	m/m²		√	√	√	√		√	√	√		沉管段长度/面积
*105050103 01	沉管基础	m³		√	√	√			√	√	√		沉管基础开挖的体积
*105050103 0101	基槽开挖	m³		√	√	√			√	√	√		
*105050103 0102	基槽回填防护	m³		√	√	√			√	√	√		
*105050103 0103	地基处理	m³		√	√	√			√	√	√		
*105050103 02	沉管段段结构	m		√	√	√			√	√	√		沉管段长度
*105050103 0201	主体结构	m		√	√	√			√	√	√		
*105050103 0202	接头处理	节		√	√	√			√	√	√		按节数计
*105050103 0203	防火处理	m		√	√	√			√	√	√		

续上表

工程或费用编码	工程或费用名称	单位	估算	概算	施工图预算	清单预算	合同清单	造价台账	变更费用	结算决算	主要工作内容	备注
*10505010030204	管节浮运安装	节		√					√			按节数计
*10505010303	洞内路面、排水、装饰工程	m/m²		√					√		指洞内路面、管廊、防火及内装工程	沉管段长度/面积
......												
10506	盾构隧道	km/座	√	√	√	√	√	√	√	√		隧道长度/座数,按照隧道名称逐座分列子项
1050601	××隧道	m/m²	√	√	√	√	√	√	√	√	包含洞门及洞身,隧道防排水,路面,装饰及辅助坑道等工程	洞长/隧道建筑限界净宽平面投影面积
105060101	敞口段	m/m²		√	√	√	√	√	√	√		敞口段的长度/面积
10506010101	洞身工程	m/m²		√	√	√	√	√	√			
1050601010101	基坑开挖、回填及支护	m³		√	√	√	√	√	√			
1050601010102	主体结构工程	m³		√	√	√	√	√	√			
1050601010103	洞内路面、排水、装饰工程	m/m²		√	√	√	√	√	√			
10506010102	辅助坑道及其他	m/m²		√	√	√	√	√	√			
105060102	暗埋段	m/m²		√	√	√	√	√	√	√		暗埋段的长度/面积。同敞口段分列子项
......												
*105060103	盾构段	m/m²		√	√	√	√	√	√	√		盾构段的长度/面积

续上表

工程或费用编码	工程或费用名称	单位	估算	概算	施工图预算	清单预算	合同清单	造价合账	变更费用	结算	决算	主要工作内容	备注
*10506010301	洞身工程(开挖及支护)	m/m²		√	√	√	√	√	√	√			
*1050601030101	盾构端头加固	m³			√	√	√	√	√	√		含管片及管片连接	
*1050601030102	盾构掘进	m/m²			√	√	√	√	√	√		含盾构机的摊销、注浆等内容	
*1050601030103	洞身及洞门装饰	m/m²			√	√	√	√	√	√		含盾构机内全部结构钢筋混凝土	
*10506010302	洞内路面、排水、装饰工程	m/m²			√	√	√	√	√	√		指洞内路面、管廊、防火及内装工程	洞长×隧道建筑限界平面投影面积(面积按隧道建筑限界净宽乘以隧道洞长计算)
*10506010303	辅助坑道及其他	m/m²			√	√	√	√	√	√			
	横洞	m			√	√	√	√	√	√			
*10506010304	竖井	m		√	√	√	√	√	√	√		始发井、接收井、后续段,暗挖工作井及附属结构	同敞开段分列子项
10507	其他形式隧道	km/座	√	√	√	√	√	√	√	√	√		隧道长度/座数
10507○1	××隧道	m/m²	√	√	√	√	√	√	√	√	√		洞长/隧道建筑限界平面投影面积
10508	隧道维修加固工程	km/座	√	√	√	√	√	√	√	√	√		隧道长度/座数,按照隧道名称逐座分列子项

续上表

工程或费用编码	工程或费用名称	单位	估算	概算	施工图预算	清单预算	合同清单	合同造价	变更台账	结算费用	决算	主要工作内容	备注
106	交叉工程											包括平面交叉、通道、天桥、渡槽和立体交叉等	
10601	平面交叉	处	√	√	√	√	√	√	√	√	√	公路与公路在同一平面上的交叉。包括路基、路面、涵洞工程等	交叉处数
1060101	公路与等级公路平面交叉	处		√	√	√	√	√	√	√			按不同的交叉形式分列子项
106010101	十字交叉	处			√	√	√	√					按交叉形式分列子项
106010102	T形交叉	处			√	√							
106010103	环形交叉	处			√	√							
1060102	公路与等外公路平面交叉	处	√	√	√	√	√	√	√	√			
10602	通道	m/处	√	√	√	√	√	√	√	√	√	包括基础、墙身、路面等	通道长度/处数，按结构形式分列子项
1060201	箱式通道	m/处		√	√	√	√	√	√	√			按通道桩号逐座计列，列明孔数、孔径
示例	K××通道(1~8m)	m²/m		√	√	√	√	√	√	√			通道面积/长度
1060202	板式通道	m/处		√	√	√	√	√	√	√			按通道桩号逐座计列，列明孔数、孔径

续上表

工程或费用编码	工程或费用名称	单位	估算	概算	施工图预算	清单预算	合同清单	造价合账	变更费用	结算	决算	主要工作内容	备注
1060203	拱式通道	m/处	√	√	√	√			√	√			按通道桩号逐座计列,列明孔数,孔径
10603	天桥	m/座	√	√	√	√	√		√	√	√	包括桥台、桥墩基础、下部结构、上部结构、桥面系和附属结构等,若有桥头连接线,归入此项	天桥长度/座座数,按桥梁桩号逐座计列,注明结构类型
1060301	××天桥(跨径、桥型)(示例1-13m空心板)	m²/m			√	√	√		√	√			桥梁面积和桥长
10604	渡槽	m/处	√	√	√	√	√		√	√	√	包括进出口段,槽身,支承结构和基础等	渡槽长度/处数。按结构类型分列子项
10605	分离式立体交叉	km/处	√	√	√	√	√		√	√	√	包括被交道路(指被交路上跨主线,上跨下穿时、上跨主线的才计入分离立交,按交叉名称分列子项)的路基、路面、桥梁、涵洞、交通工程等	主线下穿时,上跨立交,线的才计入分离立交,按交叉名称分列子项
1060501	××分离式立体交叉	km	√	√	√	√	√		√	√	√		被交路线长度
1060501-102	路基工程	km		√	√	√	√		√	√	√		参照102分列子项
1060501-103	路面工程	km		√	√	√	√		√	√	√		参照103分列子项
1060501-104	桥梁涵洞工程	km		√	√	√	√		√	√	√		参照104分列子项
1060501-10401	涵洞工程	m/道		√	√	√	√		√	√	√		参照10401分列子项
1060501-10402	小桥	m/座		√	√	√	√		√	√	√		参照10402分列子项
1060501-10403	中桥	m/座		√	√	√	√		√	√	√		参照10403分列子项

续上表

工程或费用编码	工程或费用名称	单位	估算	概算	施工图预算	清单预算	合同清单	造价台账	变更费用	结算	决算	主要工作内容	备注
1060501-10404	大桥	m/座			√	√					√		参照10404分列子项
10606	互通式立体交叉	km/处	√	√	√	√	√	√	√	√	√	包括主线、匝道、被交道等	互通主线长度/处数合计,按互通立交名称分列子项
1060601	××互通式立体交叉(类型)	km	√	√	√	√	√	√	√	√	√	包括单(双)喇叭、菱形、苜蓿叶等形式	注明类型,如单喇叭。单位为互通主线长度
106060101	主线工程	km	√	√	√	√	√	√	√	√	√	包括路基、路面、桥梁、涵洞、隧道等工程	互通主线长度与主线深度一致
106060101-102	路基工程	km	√	√	√	√	√	√	√	√	√		按102分列子项
106060101-10201	场地清理	km/m²		√	√	√	√	√	√	√	√		
106060101-1020101	清理与掘除	km	√	√	√	√	√	√	√	√	√		
……
106060101-103	路面工程	km	√	√	√	√	√	√	√	√	√		按103分列子项
106060101-104	桥梁涵洞工程	km	√	√	√	√	√	√	√	√	√		按104分列子项
……
1060601012	匝道工程	km	√	√	√	√	√	√	√	√	√	包括路基、路面、桥梁、涵洞、隧道等工程	匝道路线长度,子项与主线深度一致
106060102-102	路基工程	km	√	√	√	√	√	√	√	√	√		参照102分列子项
106060102-103	路面工程	km	√	√	√	√	√	√	√	√	√		参照103分列子项
……

续上表

工程或费用编码	工程或费用名称	单位	估算	概算	施工图预算	清单预算	合同清单	造价台账	变更费用	结算决算	主要工作内容	备注
106060102-104	桥梁涵洞工程	km			√	√	√	√	√	√		参照104分列子项
106060103	被交道	km	√	√	√	......				√	包括路基、路面、桥梁、涵洞工程等	被交道路线长度
106060103-102	路基工程	km		√	√	√	√	√	√	√		参照102分列子项
106060103-103	路面工程	km			√	√	√	√	√	√		参照103分列子项
106060103-104	桥梁涵洞工程	km		√	√	√	√	√	√	√		参照104分列子项
1060602	××互通式立体交叉（类型）	km	√	√	√	......	√	√	√	√		
10607	管理、养护、服务匝道及场区工程	km	√	√	√	√	√	√	√	√		匝道合计长度。按管理中心、养护工区、服务区、停车区、收费站等分列子项
1060701	××管理中心匝道及场区	km	√	√	√	√	√	√	√	√	包括进出场区的匝道工程、场区范围的土石方工程等	匝道路线长度
106070101	匝道工程	km			√	√	√	√	√	√		匝道路线长度
106070101-102	路基工程	km		√	√	√	√	√	√	√		参照102分列子项

续上表

工程或费用编码	工程或费用名称	单位	估算	概算	施工图预算	清单预算	合同清单	合同台账	造价变更费用	结算	决算	主要工作内容	备注
106070101-103	路面工程	km		√	√	√	√						参照103分列子项
106070101-104	桥梁涵洞工程	km		√	√	√	√						参照104分列子项
106070102	场区工程	m²		√	√	√	√			√		主要内容为土石方、软基处理及防排水工程	场区占地面积。参照互通匝道分列子项
1060702	××养护工区匝道及场区	km		√	√	√	√			√		包括进出场区的匝道工程、场区范围内的土石方工程等	匝道路线长度。参照1060701项列
107	交通工程及沿线设施	公路公里	√	√	√	√	√			√		包括公路沿线交通安全、管理、服务等设施	建设项目路线总长度（主线长度）
10701	交通安全设施	公路公里	√	√	√	√	√			√		包括沿线所设置的护栏、标柱、标志、标线等设施的总称	建设项目路线总长度（主线长度）
1070101	主线路基段	km		√	√	√	√			√			主线路基总长（含互通主线）
107010101	护栏和栏杆	km			√	√	√						
10701010101	路侧护栏	m			√	√	√			√			护栏长度（按单侧计），按材料类型分列子项
10701010102	中央分隔带护栏	m			√	√							含端头、防撞垫、防撞桶等防撞设施，栏杆等
10701010103	其他	km			√	√							主线路基总长（含互通主线）

续上表

工程或费用编码	工程或费用名称	单位	估算	概算	施工图预算	清单预算	合同清单	合同造价	变更台账费用	结算	决算	主要工作内容	备注
107010102	隔离栅和防落网	m			√	√	√	√	√	√			设置栅（网）长度
107010103	交通标志	块			√	√	√	√	√	√		含里程牌、百米桩、界碑等	
107010104	交通标线	m²			√	√	√	√	√	√			标线总面积
107010105	视线诱导、防眩设施	km			√	√	√	√	√	√			主线路基总长（含互通主线）
107010106	其他交通安全设施	km			√	√	√	√	√	√		含避险车道、限高架等	主线路基总长（含互通主线）
1070102	主线桥梁段	km		√	√	√	√	√	√	√	√		桥梁长度
107010201	护栏和栏杆	km			√	√	√	√	√	√		不含已计入桥梁工程的混凝土护栏	护栏长度（按单侧计），按材料类型分列子项
10701020101	路侧护栏	m			√	√	√	√	√				
10701020102	中央分隔带护栏	m			√	√	√	√	√				
10701020103	其他	km			√	√	√	√	√			含端头、防撞垫、防撞桶等防撞设施、栏杆等	桥梁长度（含互通主线）
107010202	隔离栅和防落网	m			√	√	√	√	√	√			设置栅（网）长度
107010203	交通标志	块			√	√	√	√	√	√		含里程牌、百米桩、界碑等	
107010204	交通标线	m²			√	√	√	√	√	√			标线总面积
107010205	视线诱导、防眩设施	km			√	√	√	√	√	√			桥梁长度（含互通主线）
107010206	其他交通安全设施	km			√	√	√	√	√	√		含避险车道、限高架等	桥梁长度（含互通主线）
1070103	主线隧道段	km		√	√	√	√	√	√	√	√		隧道长度
107010301	护栏和栏杆	km			√	√	√	√	√	√			
10701030101	路侧护栏	m			√	√	√	√	√	√			

续上表

工程或费用编码	工程或费用名称	单位	估算概算	施工图预算	清单预算	合同清单	造价合账费用	变更费用	结算	决算	主要工作内容	备注
10701030102	中央分隔带护栏	m		√							含端头、防撞垫、防撞桶等	
10701030103	其他	km		√							防撞设施、栏杆等	隧道长度
10701030302	隔离栅和防落网	m		√	√	√	√		√			设置栅（网）长度
10701030303	交通标志	块		√	√	√	√		√		含里程牌、百米桩、界碑等	
10701030304	交通标线	m²		√	√	√	√		√			标线总面积
10701030305	视线诱导、防眩设施	km		√	√	√	√		√			隧道长度
10701030306	其他交通安全设施	km		√	√	√	√		√		含避险车道、限高架等	隧道长度
1070104	互通立交匝道段	km	√	√	√	√	√	√	√			匝道合计长度，参照1070101主线路基分段分列子项
1070105	管理、服务区段	处	√	√	√	√	√	√	√			参照1070101主线路基分段分列子项
1070106	安全设施拆除工程	公路公里	√	√	√	√	√	√	√		含标志、护栏、隔离栅等拆除	参照建设项目路线总长度（主线长度），按类型分列子项
10702	收费系统	车道/处	√	√	√	√	√	√	√		包括收费设备及安装、收费岛及相应的配电工程，还有与收费功能相关的常用设施	收费站车道数/收费站数
1070201	收费中心	处		√	√	√	√		√		含设备及配套附件、相关软件采购、安装、调试	收费中心处数（如有），按不同的设备分列子项
1070202	收费站	收费车道/处		√	√	√	√		√			收费车道数/收费站数，按不同的设备分列子项

续上表

工程或费用编码	工程或费用名称	单位	估算	概算	施工图预算	清单预算	合同清单	合同造价台账	变更费用	结算决算	主要工作内容	备注
107020201	收费岛工程	收费车道			√	√	√	√	√	√	含收费岛土建、收费亭	车道数，按不同的设备分列子项
107020202	收费车道	收费车道			√	√	√	√	√	√	含设备及配套附件、相关软件采购、安装、调试	车道数，按不同的设备分列子项
10702020201	ETC车道	车道			√	√	√	√	√	√		只设置ETC收费车道数量的设备，按不同的设备分列子项
10702020202	计重车道	车道			√	√	√	√	√	√		只设置计重设备的车道数量，按不同的设备分列子项
10702020203	混合车道	车道			√	√	√	√	√	√		多种功能混合的车道数量，按不同的设备分列子项
107020203	收费站机房	处			√	√	√	√	√	√	含收费站相关附件、相关软件、调试	收费站处数
107020204	匝道预收费系统	处			√	√	√	√	√	√	含匝道门架	设置预收费系统处数
1070203	收费系统配电工程	收费车道		√	√	√	√	√	√	√		土建车道数
1070204	ETC门架	处		√	√	√	√	√	√	√	含门架及ETC收费系统统筹设施。在门架与交安工程门架使用时，此处人重复计列。相关设备及配套附件、相关软件采购、安装、调试	设置单幅门架的数量

续上表

工程或费用编码	工程或费用名称	单位	估算	概算	施工图预算	清单预算	合同清单	造价台账	变更费用	结算决算	主要工作内容	备注
107020401	2+1ETC门架	处			√	√	√		√	√		
107020402	3+1ETC门架	处			√	√	√		√	√		
107020403	4+1ETC门架	处			√	√	√		√	√		
10703	监控系统	公路公里	√	√	√	√	√	√	√	√	包括监控（分）中心、外场监控设备和安装，以及相应的配电工程等	建设项目路线总长度（主线长度）
1070301	监控中心、分中心	处		√	√	√	√		√	√		路段设置监控管理中心、监控分中心的数量
1070301O1	管理中心	处			√	√	√		√	√	含相关设备及配套附件、相关软件采购、安装、调试	路段设置监控管理中心的数量
1070301O2	管理分中心	处			√	√	√		√	√		路段设置监控管理分中心的数量
1070301O3	其他管理站	处		√	√	√	√		√	√	含隧道、桥梁等管理站。相关设备及配套附件、相关软件采购、安装、调试	设置隧道、桥梁管理站的数量
1070302	外场监控	公路公里			√	√	√		√	√	含路线、收费广场、服务区、停车区、养护工区、管理中心等外场监控	建设项目路线总长度（主线长度）
1070302O1	主线路基段	km				√	√		√	√	含相关设备及配套附件、相关软件采购、安装、调试	主线路基长度（含互通主线路基）。含路基范围内场监控设施。可下挂子项，根据功能分类计入

续上表

工程或费用编码	工程或费用名称	单位	估算	概算	施工图预算	清单预算	合同清单	造价合账	变更费用	结算	决算	主要工作内容	备注
107030202	主线桥梁段	km			√	√	√	√	√	√		含相关设备及配套附件，相关软件采购、安装、调试	主线桥梁长（含互通主线桥梁）。范围外场监控设施。可下挂子项，根据功能分类计入
107030203	互通匝道段	km			√	√	√	√	√	√		含相关设备及配套附件，相关软件采购、安装、调试	匝道长度（含匝道桥）。含匝道段外场监控设施。可下挂子项，根据功能分类计入
107030204	场区	处			√	√	√	√	√	√		含相关设备及配套附件，相关软件采购、安装、调试	管养及服务区的处数。含管养及服务区外场监控设施。可下挂子项，根据功能分类计入
1070303	监控系统配电工程	公路公里		√	√	√	√	√	√				建设项目路线总长度（主线长度），可按不同的设备分列子项
10704	通信系统	公路公里	√	√	√	√	√	√	√		√	包括通信设备及安装、缆线工程及配套的土建工程等	建设项目路线总长度（主线长度）
1070401	通信设备及安装	公路公里		√	√	√	√	√	√			含相关设备及配套附件，相关软件采购、安装、调试	建设项目路线总长度（主线长度）
1070402	缆线	公路公里		√	√	√	√	√	√				建设项目路线总长度（主线长度），按材料和规格分列子项
1070403	管道工程	公路公里		√	√	√	√	√	√				建设项目路线总长度（主线长度）

续上表

工程或费用编码	工程或费用名称	单位	估算	概算	施工图预算	清单预算	清单合账	合同造价	变更费用	结算	决算	主要工作内容	备注
107040301	主线路基段	km			√	√	√	√	√				路基长度(含互通主线),按材料和规格分列子项
107040302	主线桥梁段	km			√	√	√	√	√				桥梁长度(含互通主线),按材料和规格分列子项
107040303	主线隧道段	km			√	√	√	√	√			含区域内的纵、横向管道	隧道长度(含互通主线),按材料和规格分列子项
107040304	匝道及被交道	km			√	√	√	√	√				匝道(含匝道桥)、被交道长度
107040305	人(手)孔	个			√	√	√	√	√				全线设置人(手)孔数量
10705	隧道机电工程	km/座	√	√	√	√	√	√	√	√		包括隧道内通风、照明、消防、监控、供配电等设备及安装等	隧道长度/座数,按每座隧道分列子项
1070501	××隧道	km	√	√	√	√	√	√	√	√			隧道长度
107050101	隧道监控	m		√	√	√	√	√	√	√		含相关设备及配套附件,相关软件采购、安装、调试	
107050102	隧道供电及照明系统	m		√	√	√	√	√	√	√			隧道单洞长度之和
107050103	隧道通风系统	m		√	√	√	√	√	√	√			
107050104	隧道消防系统	m		√	√	√	√	√	√	√			
107050105	其他	m		√	√	√	√	√	√	√		双洞横向消防门及备品备件计入此项	
1070502	××隧道	km	√	√	√	√	√	√	√	√		......	隧道长度
10706	供电及照明系统	km	√	√	√	√	√	√	√	√		包括道路、桥梁设施、场区的供配电、照明设备及安装(不含隧道内)	主线路线长度扣除主线隧道长度后的长度

续上表

工程或费用编码	工程或费用名称	单位	估算	概算	施工图预算	清单预算	合同清单	合同造价台账	变更费用	结算	决算	主要工作内容	备注
1070601	供电系统设备及安装	km		√	√	√	√	√	√	√			按不同的部位分列子项
1070602	照明系统设备及安装	km		√	√	√	√	√	√	√			
107060201	路线照明	km		√	√	√	√	√	√	√		一般在城市化程度较高的改扩建路段设置	扣除大桥、隧道的主线长度；独立桥梁或隧道工程为引道或接线长度
107060202	大桥照明	m		√	√	√	√	√	√	√			设置照明的桥梁长度
107060203	场区照明	处		√	√	√	√	√	√	√		指管理中心、养护工区、服务区、停车区、收费站房区	场区处数
107060204	景观照明	km		√	√	√	√	√	√	√			设置景观照明的线路长度
1070603	充电桩设备及安装	位/处		√	√	√	√	√	√	√		含充电桩相关设备及配套附件，相关软件的采购、安装、调试	充电桩的数量/路线上设充电桩的场区处数，按材料和设备分列子项
10707	管理、养护、服务房建工程	m²/处	√	√	√	√	√	√	√	√	√	包括管理中心、集中住宿区、收费站、服务区、停车区、养护工区等	建筑面积/处数
1070701	管理中心	m²/处	√	√	√	√	√	√	√	√	√	包括房屋土建、安装（含设备购置）、装饰、电气、给排水、户外工程等（含如有集中住宿区）	管理中心建筑面积/处数
107070101	××管理中心	m²/m²		√	√	√	√	√	√	√	√		建筑面积/占地面积

续上表

工程或费用编码	工程或费用名称	单位	估算	概算	施工图预算	清单预算	合同清单	合同台账	造价变更费用	结算	决算	主要工作内容	备注
1070701010101	房建工程	m²	√	√	√	√	√	√	√	√	√		建筑面积
1070701010101	××楼	m²	√	√	√	√	√	√	√	√	√		建筑面积，按功能划分的单体楼
1070701010101	建筑装饰工程	m²		√	√	√	√	√	√	√	√		建筑面积
1070701010102	电气工程	m²		√	√	√	√	√	√	√	√		
1070701010103	给排水工程	m²		√	√	√	√	√	√	√	√		
1070701010104	暖通工程	m²		√	√	√	√	√	√	√	√		
……													
1070701 0102	户外工程	m²	√	√	√	√	√	√	√	√	√		占地面积
1070701010201	建筑装饰工程	m²		√	√	√	√	√	√	√	√		
1070701010202	电气工程	m²		√	√	√	√	√	√	√	√		含室外电缆、保护管、电缆沟、电缆井、路灯、运动场灯具及室外防雷工程等
1070701010203	给排水工程	m²		√	√	√	√	√	√	√	√		含线外供水、消防给水、室外生活给水及园林绿化用水工程等
……													
1070702	**养护工区**	**m²/处**	**√**	**√**	**√**	**√**	**√**	**√**	**√**	**√**	**√**		**养护工区建筑面积/处数**
1070702 0201	××养护工区	m²/m²	√	√	√	√	√	√	√	√	√		建筑面积/占地面积

续上表

工程或费用编码	工程或费用名称	单位	估算	概算	施工图预算	清单预算	合同清单	造价台账	变更费用	结算	决算	备 注
1070702 0101	房建工程	m²	√	√	√	√	√	√	√	√		建筑面积
1070702 0101 01	××楼	m²		√	√	√	√	√	√	√		建筑面积，按功能划分单体楼
1070702 0101 0101	建筑装饰工程	m²			√	√	√	√	√	√		建筑面积
1070702 0101 0102	电气工程	m²			√	√	√	√	√	√		
1070702 0101 0103	给排水工程	m²			√	√	√	√	√	√		
1070702 0101 0104	暖通工程	m²			√	√	√	√	√	√		
1070702 0102	户外工程	m²	√	√	√	√	√	√	√	√		占地面积
1070702 0201	建筑装饰工程	m²		√	√	√	√	√	√	√		
1070702 0202	电气工程	m²		√	√	√	√	√	√	√		
1070702 0203	给排水工程	m²		√	√	√	√	√	√	√		
1070703	服务区	m²/处	√	√	√	√	√	√	√	√	√	服务区建筑面积/处数
1070703 0301	××服务区	m²/m²	√	√	√	√	√	√	√	√	√	建筑面积/占地面积
1070703 0101	房建工程	m²		√	√	√	√	√	√	√		建筑面积
1070703 0101 01	××楼	m²		√	√	√	√	√	√	√		
1070703 0101 0101	建筑装饰工程	m²			√	√	√	√	√	√		
1070703 0101 0102	电气工程	m²			√	√	√	√	√	√		
1070703 0101 0103	给排水工程	m²			√	√	√	√	√	√		
1070703 0101 0104	暖通工程	m²			√	√	√	√	√	√		

续上表

工程或费用编码	工程或费用名称	单位	估算	概算	施工图预算	清单预算	合同清单	造价合账	变更费用	结算	决算	主要工作内容	备注
1070703010102	户外工程	m²	√	√	√	√	√		√	√			占地面积
1070703010201	建筑装饰工程	m²		√	√	√	√		√	√			
1070703010202	电气工程	m²		√	√	√	√		√	√			
1070703010203	给排水工程	m²		√	√	√	√		√	√			
1070704	停车区	m²/处	√	√	√	√	√	√	√	√		……	停车区建筑面积/处数
1070705	收费站	m²/处	√	√	√	√	√	√	√	√		……	收费站建筑面积/处数
1070705 01	××收费站	m²/m²	√	√	√	√	√	√	√	√			建筑面积/占地面积
1070705010101	房建工程	m²		√	√	√	√		√	√			
1070705010101 01	××站房	m²		√	√	√	√		√	√			建筑面积
10707050101010101	建筑装饰工程	m²		√	√	√	√		√	√			
10707050101010102	电气工程	m²		√	√	√	√		√	√			
10707050101010103	给排水工程	m²		√	√	√	√		√	√			
1070705010102	户外工程	m²		√	√	√	√		√	√			占地面积
1070705010201	建筑装饰工程	m²		√	√	√	√		√	√			
1070705010202	电气工程	m²		√	√	√	√		√	√			
1070705010203	给排水工程	m²		√	√	√	√		√	√			

续上表

工程或费用编码	工程或费用名称	单位	估算	概算	施工图预算	清单预算	合同清单	造价变更费用	结算决算	备注
1070706	收费天棚	m²/车道	√	√	√	√	√	√	√	收费天棚总建筑面积/收费站土建车道数
107070601	××收费天棚（××结构）	m²		√	√	√	√	√		注明框架、钢结构等结构形式
10707060101	建筑装饰工程	m²			√	√	√	√		建筑面积
10707060102	电气工程	m²			√	√	√	√		
10707060103	给排水工程	m²			√	√	√	√		
1070707	其他房屋建筑	m²/处	√	√	√	√	√	√	√	建筑面积/处数
107070701	公共交通车站	m²/处		√	√	√	√	√		
107070702	隧道用房	m²/处		√	√	√	√	√		
10708	线外供电	km/处	√	√	√	√	√	√	√	供电线路长度及设置处数，可按处分列子项
10709	智慧公路	公路公里	√	√	√	√	√	√	√	建设项目路线总长度（主线长度）
*1070901	G1级智慧公路	公路公里	√	√	√	√	√	√	√	按照智慧等级划分，一般只采用一个等级为项目智慧公路的等级
*107090101	云控制平台	处		√	√	√	√	√		云平台控制中心的处数
*107090102	基础路侧设施	km		√	√	√	√	√		设置路侧设施路侧单元的长度

143

续上表

工程或费用编码	工程或费用名称	单位	估算	概算	施工图预算	清单预算	合同清单	造价台账	变更费用	结算	决算	主要工作内容	备注
*1070902	G2级智慧公路	公路公里	√	√	√	√	√			√			
*107090201	云控制平台	处		√	√	√	√		√	√			云平台控制中心的处数
*107090202	基础路侧设施	km			√	√	√		√	√			设置路侧设施路侧单元的长度
*107090203	特殊节点路侧设施	处/km		√	√	√	√		√	√		含高边坡、超长隧道等检测单元	特殊检测单位的处数/设施检测单元的长度
*107090204	智慧服务区	处		√	√	√	√		√	√			智慧型服务区处数
*1070903	L3级智慧公路	公路公里	√	√	√	√	√			√			
*107090301	云控制平台	处		√	√	√	√		√	√			云平台控制中心的处数
*107090302	基础路侧设施	km			√	√	√		√	√		车路协同基本路侧检测设施	设置路侧设施路侧单元的长度
*107090303	特殊节点路侧设施	处/km		√	√	√	√		√	√		含高边坡、超长隧道等检测单元	特殊检测单位的处数/设施检测单元的长度
*107090304	智慧服务区	处		√	√	√	√		√	√			智慧型服务区处数
*107090305	信息系统安全	公路公里		√	√	√	√		√	√		维护系统安全增加的信息安全内容	
108	绿化及环境保护工程	公路公里	√	√	√	√	√		√	√	√	……	建设项目路线总长度（主线长度）

续上表

工程或费用编码	工程或费用名称	单位	估算	概算	施工图预算	清单预算	合同清单	造价台账	变更费用	结算决算	主要工作内容	备注
10801	主线绿化及环境保护工程	公路公里	√	√	√	√	√	√	√	√	包括路线两侧、中央分隔带、隧道洞门等范围	建设项目路线总长度（主线长度），含互通主线绿化
1080101	路基两侧	km		√	√	√	√	√	√	√		路基长度，按苗木类别分列子项
1080102	整体式中间带	km/m²		√	√	√	√	√	√	√		整体式路基长度/绿化面积
1080103	分离式路基中间带	km/m²		√	√	√	√	√	√	√	包括分离式路基段和隧道进出口路段的路基中间带	左右幅路基长度之和除以2/绿化面积
1080104	桥下空间	m²		√	√	√	√	√	√	√		绿化面积
10802	互通立交绿化及环境保护工程	处	√	√	√	√	√	√	√	√	指互通式立体交叉范围内（匝道及被交道范围）	互通处数，不含互通主线绿化。按不同互通逐一分列子项
1080201	××互通	m²		√	√	√	√	√	√	√		绿化面积，按苗木类别分列子项
10803	管养设施绿化及环境保护工程	处	√	√	√	√	√	√	√	√	指管理中心、服务区、停车区等场区范围内	管养设施处数
1080301	管理中心	m²/处		√	√	√	√	√	√	√		
1080302	服务区	m²/处		√	√	√	√	√	√	√		
1080303	停车区	m²/处		√	√	√	√	√	√	√		
1080304	养护工区	m²/处		√	√	√	√	√	√	√		各绿化区域按苗木类别分列子项
1080305	收费站	m²/处		√	√	√	√	√	√	√		
10804	取、弃土场绿化及环境保护工程	处	√	√	√	√	√	√	√	√		处数

续上表

工程或费用编码	工程或费用名称	单位	估算	概算	施工图预算	清单预算	合同清单	合同造价	变更台账费用	结算	决算	主要工作内容	备注
1080401	取、弃土场绿化	m²/处		√	√	√	√	√	√				绿化面积/处数，可按位置分列子项
1080402	取、弃土场排水防护	m³/处		√	√	√	√	√	√				坊工体积/处数，可按位置分列子项
10805	声环境污染防治工程	公路公里	√											
1080501	路基段声屏障工程	m²/m		√	√	√	√	√	√				设置面积/长度，按材料类别分列子项
1080502	桥梁段声屏障工程	m²/m		√	√	√	√	√	√				
1080503	隔声窗	m²		√	√	√	√	√	√				窗的面积，按材料别分列子项
10806	水环境污染防治工程	公路公里	√	√	√	√	√	√	√			含污水处理工程（不含房建工程的污水处理）等	按不同的内容或位置分列子项
109	其他工程	公路公里	√	√	√	√	√	√	√			包括连接线、辅道、支线、联络线工程及改路、改河、改沟等主线外的其他工程	建设项目路线总长度（主线长度）
10901	联络线、支线工程	km/处	√	√	√	√	√	√	√			含路基、路面、桥涵、隧道、交通安全设施、机电、绿化等工程	联络线路线长度处数。需专项反映造价时，应单独编制造价文件
1090101	××联络线、支线工程	km	√	√	√	√	√	√	√				参照主线路基、路面、桥涵、隧道、交叉工程、绿化等工程项目列入
……													

续上表

工程或费用编码	工程或费用名称	单位	估算	概算	施工图预算	清单预算	合同清单	合同造价台账	变更费用	结算	决算	主要工作内容	备注
10902	连接线工程	km/处	√	√	√	√	√	√	√	√	√	含路基、路面、桥涵、隧道、交通安全设施、机电、绿化等工程	连接线路线长度/处数。需专项反映造价时，应单独编制造价文件
1090201	××连接线工程	km	√	√	√	√	√	√	√	√	√		参照主线路基、路面、桥涵、隧道、交叉、交通工程、绿化等工程项目列入
10903	辅道工程	km/处	√	√	√	√	√	√	√	√	√	含路基、路面、桥涵、隧道、交通安全设施、绿化等工程	辅道路线长度/处数。需专项反映造价时，应单独编制造价文件
1090301	××辅道工程	km	√	√	√	√	√	√	√	√	√		参照主线路基、路面、桥涵、隧道、交叉、交通工程、绿化等工程项目列入
10904	改路工程	km/处	√	√	√	√	√	√	√	√	√	含路基、路面、桥涵、隧道、交通安全设施、绿化等工程	改路长度/处数，按位置分列子项
10905	改河、改沟、改渠	m/处	√	√	√	√	√	√	√	√	√		改造长度/处数，按位置分列子项

续上表

工程或费用编码	工程或费用名称	单位	估算	概算	施工图预算	清单预算	合同清单	合同造价台账	变更费用	结算	决算	主要工作内容	备注
10906	悬出路台	m/处	√	√	√	√	√	√	√	√	√		路台长度/处数
10907	渡口码头	处	√	√	√	√	√	√	√	√	√		渡口码头处数
110	专项费用	元	√	√	√	√	√	√	√	√	√	包括安全生产经费、信息化管理费、竣工文件编制费等专项费用	
11001	施工场地建设费	元	√	√	√	√	√	√	√	√	√		
11002	安全生产费	元	√	√	√	√	√	√	√	√	√		
111	实施阶段发生的其他费用项目	公路公里							√	√	√	工程实施时，发生的估、概、预算费用未涵盖的费用项目，如计日工、索赔、材料价差、报废工程等费用	按费用类别分列子项
2	第二部分 土地使用及拆迁补偿费	公路公里											
201	土地使用费	亩	√	√	√	√	√	√	√	√	√		
20101	永久征用土地	亩	√	√	√	√	√	√	√	√	√		按土地类别、属性分列子项
20102	临时用地	亩	√	√	√	√	√	√	√	√	√	包括公路建设需要临时征用、租用土地的费用、临时征地使用、复耕等费用	工程临时用地的数量，按使用性质分列子项

续上表

工程或费用编码	工程或费用名称	单位	估算	概算	施工图预算	清单预算/合同清单/合同台账	变更费用	结算	决算	主要工作内容	备注
20103	水田占补平衡费	亩	∨	∨	∨	∨	∨	∨	∨	按文件规定应计算的水田占补平衡指标预购购费用	水田数量
20104	耕地占补平衡费	亩	∨	∨	∨	∨	∨	∨	∨	按文件规定应计算的耕地占补平衡指标预购购费用	耕地数量
202	拆迁补偿费	公路公里	∨	∨	∨	∨	∨	∨	∨	公路建设需要对土地上的房屋、经济作物、管线等进行拆除、迁移，并依法给予补偿的费用	
20201	房屋及附属设施拆迁	m²		∨	∨	∨	∨	∨	∨		房屋拆迁面积
20202	管线拆迁	km		∨	∨	∨	∨	∨	∨		拆迁路线长度
2020201	电力	km		∨	∨	∨	∨	∨	∨		拆迁电力线路长度。按拆迁电力线路的种类、规格分列子项
2020202	通信	km		∨	∨	∨	∨	∨	∨		拆迁通信线路长度
2020203	燃气	km		∨	∨	∨	∨	∨	∨		拆迁燃气线路长度
2020204	输油	km		∨	∨	∨	∨	∨	∨		拆迁输油线路长度
2020205	给水	km		∨	∨	∨	∨	∨	∨		拆迁给水线路长度
2020206	排水	km		∨	∨	∨	∨	∨	∨		拆迁排水线路长度
20203	其他拆迁费	公路公里	∨	∨	∨	∨	∨	∨	∨		
203	其他补偿费	公路公里	∨	∨	∨	∨	∨	∨	∨	包括公路建设需要使用海域或者路产购置情况等情况需发生的费用	

续上表

工程或费用编码	工程或费用名称	单位	估算	概算	施工图预算	清单预算	合同清单	合同造价台账	变更费用	结算决算	主要工作内容	备注
3	第三部分 工程建设其他费用											
301	建设项目管理费	公路公里	√	√	√	√	√	√	√	√	包含建设单位（业主）管理费、监理费、设计文件审查费、审计费、竣（交）工试验检测费等	
30101	建设单位（业主）管理费	公路公里	√	√	√	√	√	√	√			
30102	建设项目信息化费	公路公里	√	√	√	√	√	√	√			
30103	工程监理费	公路公里	√	√	√	√	√	√	√			
30104	设计文件审查费	公路公里	√	√	√	√	√	√	√			
30105	竣（交）工验收试验检测费	公路公里	√	√	√	√	√	√	√			
302	研究试验费	公路公里	√	√	√	√	√	√	√		包括提供或验证设计数据、资料进行必要的研究试验、按照设计规定在施工过程中必须进行试验、验证所需的费用	
303	建设项目前期工作费	公路公里	√	√	√	√	√	√	√		包括开展可行性研究、工程勘察设计、编制工程招标文件及标底或最高投标限价文件的费用	
30301	"预可、工可"编制费	公路公里	√				√					
30302	专题研究费	公路公里	√				√					
30303	勘察设计费	公路公里	√				√					
30304	招标文件及标底编制费	公路公里	√				√					

附录B ◇ 广东省公路工程全过程造价管理标准费用项目表

续上表

工程或费用编码	工程或费用名称	单位	估算	概算	施工图预算	清单预算	合同清单	造价台账	变更费用	结算	决算	主要工作内容	备注
304	专项评价（估）费	公路公里	√	√	√	√				√		包括依据法律、法规需进行专项评价（评估）咨询的费用	
30401	环境影响评价费	公路公里				√				√			
30402	水土保持评估费	公路公里				√				√			
30403	地震安全性评价费	公路公里				√				√			
30404	地质灾害危险性评价费	公路公里				√				√			
30405	压覆重要矿床评估费	公路公里				√				√			
30406	通航论证费	公路公里				√				√			
30407	行洪论证（评估）费	公路公里				√				√			
30408	林业评估及使用林地可研报告编制费	公路公里				√				√			
30409	用地预审报告编制费	公路公里				√				√			
30410	项目风险评估费	公路公里				√				√			
30411	节能评估费	公路公里				√				√			
30412	社会风险评估费	公路公里				√				√			
30413	放射性影响评估费	公路公里				√				√			
30414	规划选址意见书编制费	公路公里				√				√			
30415	海域使用论证费	公路公里				√				√			
30416	树木砍伐迁移报批费	公路公里				√				√			
30417	造价技术服务费	公路公里				√				√			
30418	第三方检测费	公路公里				√				√			

续上表

工程或费用编码	工程或费用名称	单位	估算	概算	施工图预算	清单预算合同清单	合同造价变更台账费用	结算决算	主要工作内容	备注
305	联合试运转费	公路公里	√	√	√	√	√	√		
306	生产准备费	公路公里	√	√	√	√	√	√	包括工器具购置、办公和生活用家具购置、生产人员培训、保通应急设备购置等费用	
30601	工器具购置费	公路公里			√	√	√			
30602	办公和生活用家具购置费	公路公里			√	√	√			
30603	生产人员培训费	公路公里			√	√	√			
30604	应急保通设备购置费	公路公里			√	√	√			
307	工程保通管理费	公路公里	√	√	√	√	√	√	包含保通便道、航道保通、运营铁路保通等管理费	
30701	保通便道管理费	km	√	√	√	√	√			
30702	施工期通航安全保障费	处	√	√	√	√	√			
30703	营运铁路保通管理费	处	√	√	√	√	√			
......										
308	工程保险费	公路公里	√	√	√	√	√	√	包含工程一切险和第三方责任保险	
309	其他相关费用	公路公里	√	√	√	√	√	√		
4	第四部分 预备费	公路公里	√	√	√	√	√	√		
401	基本预备费	公路公里	√	√	√	√	√	√		
402	价差预备费	公路公里	√	√	√	√	√	√		
5	第一至第四部分合计	公路公里	√	√	√	√	√	√		
6	第五部分 建设期贷款利息	公路公里	√	√	√	√	√	√		
7	公路基本造价	公路公里	√	√	√	√	√	√	包括第一至第四部分费用、建设期贷款利息	

说明：1."√"表示在编制该阶段造价文件时需达到的深度要求。宜根据项目的具体设计深度在表中"标准费用项目"下细化调整。
2."工程或费用编码"带"*"者为可选项目，可根据项目具体情况调整。"标准费用项目"以不同颜色区分：部（1位数编码），以黑色加粗文字标识；项（3位数编码），以红色标识；部分项（5位数编码），以紫色标识；部分节（7位数编码），以橙色标识；部分细目（9位数编码），以绿色标识。
3.为便于标识别公路工程全过程造价数据贯通，以黑色加粗文字标识。

广东省公路工程造价管理相关文件和标准发布情况表

序号	文件名称	文件编号/发文号
一	管理文件	
1	广东省交通运输厅关于印发《广东省交通运输厅关于公路工程造价管理的实施细则》的通知	粤交〔2017〕10号
2	广东省交通运输厅关于修订政府投资普通公路和水运项目报批流程和分级审批权限的通知	粤交规〔2018〕128号
3	广东省交通运输厅关于调整企业投资交通建设项目设计审批方式的通知	粤交基〔2020〕294号
4	广东省交通运输厅关于加强公路水运建设项目招标投标管理工作的通知	粤交〔2022〕11号
5	广东省交通运输厅关于加强公路工程设计变更管理工作的通知	粤交基〔2021〕668号
6	广东省交通运输厅关于加强我省高速公路项目工程变更管理工作的意见	粤交基建设字〔2010〕1608号
7	广东省交通运输厅关于进一步加强公路建设项目交工验收工作管理的通知	粤交基建字〔2021〕389号
8	广东省交通运输厅关于印发广东省公路建设项目竣工决算实行备案制管理的通知	粤交基〔2020〕598号
9	广东省交通运输厅关于印发公路工程从业单位信用评价实施细则的通知	粤交〔2021〕20号
10	广东省交通运输厅关于印发《广东省交通运输厅关于公路水运建设工程安全生产费用的管理办法》的通知	粤交〔2021〕6号

续上表

序号	文件名称	文件编号/发文号
11	广东省交通运输厅关于进一步加强公路施工便道取弃土场的设计和施工管理工作的通知	粤交基〔2020〕606 号
12	广东省交通运输厅关于进一步加强公路勘察设计工作的通知	粤交基〔2022〕350 号
13	广东省交通运输厅关于印发交通建设从业人员信用评价实施细则的通知	粤交〔2022〕2 号
二	造价标准	
1	广东省交通运输厅关于《公路工程建设项目投资估算编制办法》《公路工程建设项目概算预算编制办法》及配套指标定额补充规定的通知	粤交基〔2019〕544 号
2	广东省交通运输厅关于调整公路工程人工工日单价的通知	粤交基〔2022〕67 号
3	广东省高速公路沿线绿化工程费用指标	粤交基函〔2019〕908 号
4	广东省交通运输厅关于印发《广东省农村公路养护预算编制办法》的通知	粤交基建〔2022〕1 号
5	广东省沿海桥梁工程预算补充定额（试行）	粤交基〔2016〕1055 号
6	广东省沿海沉管隧道、人工岛工程预算补充定额（试行）	粤交基〔2017〕75 号
三	管理指南、指导意见	
1	广东省交通运输厅关于印发《广东省公路工程施工招标清单预算管理规程》的通知	粤交基〔2013〕899 号
2	广东省交通运输厅关于印发《广东省公路工程施工图设计工程量总表（标准格式）编制指南（试行）》的通知	粤交基〔2014〕1022 号
3	广东省交通运输厅关于印发《广东省公路工程施工图设计工程量总表（标准格式）编制指南（悬索桥、斜拉桥部分试行）》的通知	粤交基〔2017〕259 号
4	广东省交通运输厅关于发布《广东省高速公路工程施工组织设计和施工方案标准化管理指南》的通知	粤交质〔2020〕375 号
5	广东省交通运输厅关于印发《广东省公路工程重（较）大设计变更文件编制指南》的通知	粤交基〔2017〕1072 号
6	广东省交通运输厅关于印发《广东省公路工程竣工决算文件编制指南》的通知	粤交基建字〔2019〕146 号
7	广东省交通运输厅关于印发我省交通建设项目材料价差调整指导性意见的通知	粤交基函〔2019〕1302 号
8	广东省交通运输厅关于印发广东省新冠肺炎疫情防控期公路水运建设项目工程造价计价指导意见的通知	粤交基建字〔2021〕266 号
9	广东省交通运输厅关于发布《广东省公路工程施工标准化指南》的通知	粤交基〔2021〕239 号
10	广东省交通运输厅关于发布《广东省公路房建工程建设管理指南》的通知	粤交基〔2021〕801 号

续上表

序号	文　件　名　称	文件编号/发文号
11	广东省交通运输厅关于发布《广东省高速公路设计标准化管理办法》的通知	粤交基〔2014〕813号
12	广东省交通运输厅关于发布《广东省高速公路工程施工安全标准化指南（管理行为）》的通知	粤交基〔2016〕3432号
13	广东省交通运输厅关于征求《广东省普通国省道前期工作管理指引》《广东省普通国省道工程可行性研究工作指引》意见的函	粤交规划字〔2022〕404号
14	广东省交通运输厅关于印发《广东省公路工程勘察设计咨询管理指南（试行）》和《广东省公路工程勘察设计咨询技术指南（试行）》的通知	粤交基函〔2022〕214号
15	广东省交通运输厅关于印发《广东省公路建设项目过程结算工作指导意见》的通知	粤交基〔2022〕488号
16	广东省交通运输厅关于印发《广东省普通干线公路设计标准化指南（试行）》的通知	粤交基函〔2019〕512号
17	广东省交通运输厅关于印发《广东省农村公路设计指南（试行）》的通知	粤交基〔2019〕330号
四	招标文件范本	
1	广东省执行交通运输部《公路工程标准施工招标文件范本（2009年版）》的补充规定	粤交基〔2010〕355号
2	广东省交通运输厅关于印发《广东省公路工程施工招标资格预审文件范本和施工、监理、中心试验室试验检测招标文件范本（2023年版）》的通知	粤交基〔2023〕8号